KB086994

대한민국
부|동|산
미래지도

**\*일러두기**

이 책은 2016년 3월 출간된 《부자의 지도》의 개정증보판입니다. 서울 지역의 강서구, 중랑구와 경기 지역의 화성시, 평택시의 원고를 새롭게 추가하고 기존 지역의 원고를 현재 시점에 맞게 다듬었으며 책의 내용을 충실히 이해할 수 있도록 사진과 지도를 전면 보강하고 편집과 디자인 체제를 대폭 수정하였습니다. 땅의 내력을 살펴 사람과 돈이 몰리는 곳의 입지는 무엇이 다른가를 재미있게 통찰한 이 책에서 지금 내가 살고 있는 동네를 제대로 들여다보고 지역과 주택의 숨은 가치를 발견하시길 바랍니다.

# 대한민국 부동산 미래지도 · 경기편

**초판 1쇄 발행** 2021년 3월 4일
**초판 4쇄 발행** 2021년 3월 28일

**지은이** 김학렬

**펴낸이** 조기흠
**편집이사** 이홍 / **책임편집** 송병규 / **기획편집** 박종훈
**마케팅** 정재훈, 박태규, 김선영, 홍태형, 배태욱 / **디자인** 이창욱 / **일러스트** 정유진 / **제작** 박성우, 김정우

**펴낸곳** 한빛비즈(주) / **주소** 서울시 서대문구 연희로2길 62 4층
**전화** 02-325-5506 / **팩스** 02-326-1566
**등록** 2008년 1월 14일 제 25100-2017-000062호

**ISBN** 979-11-5784-485-2 14320

이 책에 대한 의견이나 오탈자 및 잘못된 내용에 대한 수정 정보는 한빛비즈의 홈페이지나
이메일(hanbitbiz@hanbit.co.kr)로 알려주십시오. 잘못된 책은 구입하신 서점에서 교환해드립니다.
책값은 케이스와 뒤표지에 표시되어 있습니다.

⌂ hanbitbiz.com  facebook.com/hanbitbiz  post.naver.com/hanbit_biz
 youtube.com/한빛비즈  instagram.com/hanbitbiz

Published by Hanbit Biz, Inc. Printed in Korea
Copyright ⓒ 2021 김학렬 & Hanbit Biz, Inc.
이 책의 저작권은 김학렬과 한빛비즈(주)에 있습니다.
저작권법에 의해 보호를 받는 저작물이므로 무단 복제 및 무단 전재를 금합니다.

**지금 하지 않으면 할 수 없는 일이 있습니다.**
**책으로 펴내고 싶은 아이디어나 원고를 메일(hanbitbiz@hanbit.co.kr)로 보내주세요.**
**한빛비즈는 여러분의 소중한 경험과 지식을 기다리고 있습니다.**
저작권법에 의해 보호를 받는 저작물이므로 무단 복제 및 무단 전재를 금합니다.

\* 이 도서는 2권 세트로만 판매되는 도서입니다.

# 대한민국 부동산 미래지도

경기편

김학렬 지음

한빛비즈

# Chapter 10

# 동구릉의 명당 도시, 구리시 이야기

# Chapter 11

# 3차 도약을 하고 있는 위성도시의 최강자,
# 안양시 이야기

# Chapter 12

# 광역화되어가는 도시, 광주시 이야기

Chapter 13

# 수도권 최대 발전 예상 지역인 화성시 이야기

Chapter 14

# 국제 경제 도시로 거듭 태어나는 평택시 이야기

GYEONGGI

## Part 2

경기도

# 존재감이 부각되기 시작한
# 경기도 파워 도시들!

경기도는 대한민국에서 가장 큰 지자체입니다. 564만 세대에 인구는 1,340만 명에 이릅니다. 서울을 확장하던 시절, 서울의 일자리를 옮기거나 서울의 베드타운 등 보조적인 역할을 하도록 개발한 것이 경기도 도시화의 출발점이었습니다. 하지만 이제는 경기도의 도시라는 이유만으로 조명을 받을 만큼 엄청나게 성장했습니다. 1기 신도시인 분당·일산·평촌이 그렇고, 2기 신도시인 위례·판교·광교가 그렇습니다.

하지만 1기 신도시를 개발하기 이전에도 이미 신도시 역할을 하던 입지들이 있었습니다. 대표적인 지역이 안양시와 구리시 그리고 의정부시입니다. 이 3개 도시는 1980~1990년대까지 경기도의 대장주들이었습니다. 하지만 1기 신도시가 대규모로 공급되고 정부에서 이들 지역에 여러가지 지원을 하면서 기존의 경기도 도시들은 위상이 조금 꺾였습니다. 결국 1기 신도시들이 기존 경기도 도시들과의 경쟁에서 승기를 잡으면서 경기도 최고 지역이라는 타이틀을 넘겨주게 되었지요.

그랬던 원조 경기도 도시들이 최근 들어 이전과는 다른 행보를 보이기 시작했습니다. 새로운 동력을 가지게 된 것이죠. 원래 서울 접근성이 뛰어나다는 입지적 장점을 갖춘 곳이기에 상품성이 추가되면서 위성도시로서의 저력이 다시 부각되기 시작한 것이죠. 특히 1기 신도시와 경쟁할 필요가 없었던 의정부시와 구리시는 경기도 북부권의 강자로 한결같이 자리를 지키고 있으며, 안양시는 1기 신도시인 평촌과 시너지를 주고받으며 꾸준히 발전하고 있습니다.

최근에는 경기도 부동산 시장에 광주시가 출사표를 던졌습니다. 그동안 상수원 보호구역이라는 개발의 한계 상황 때문에 두문불출하던 광주시가 대규모 개발과 교통망 확장이라는 호재를 만나면서 부동산 시장의 강자로 새롭게 변모하게 된 것이죠. 이제 광주시는 스쳐지나가는 경기도의 미개발 지역이 아니라, 서울과 판교의 위성도시로서 역할하게 되면서 당당하게 경쟁력을 높여가고 있습니다.

앞으로 10년 뒤 경기도 도시 가운데 가장 성장해 있을 두 지역을 예상해본다면 단연 화성시와 평택시를 꼽을 수 있습니다. 화성시는 동탄 신도시만의 도시가 아닙니다. 어마어마한 일자리와 뛰어난 교통망, 잘 짜인 상권 시설 등이 복합적으로 개발되고 있습니다. 평택은 2가지 호재를 동시에 맞았습니다. 미군 부대 이전과 삼성전자 등 대규모 산업단지 개발입니다. 이에 따라 평택은 이전과는 전혀 다른 역할을 하게 될 것입니다. 화성시도, 평택시도 지금은 단일 지자체이지만, 분구(分區)가 확실시되는 메가 시티로 개발되고 있습니다.

지금까지의 행보보다는 향후 10년 후가 더 기대되는 경기도 파워 도시들의 미래 지도를 함께 그려보시죠.

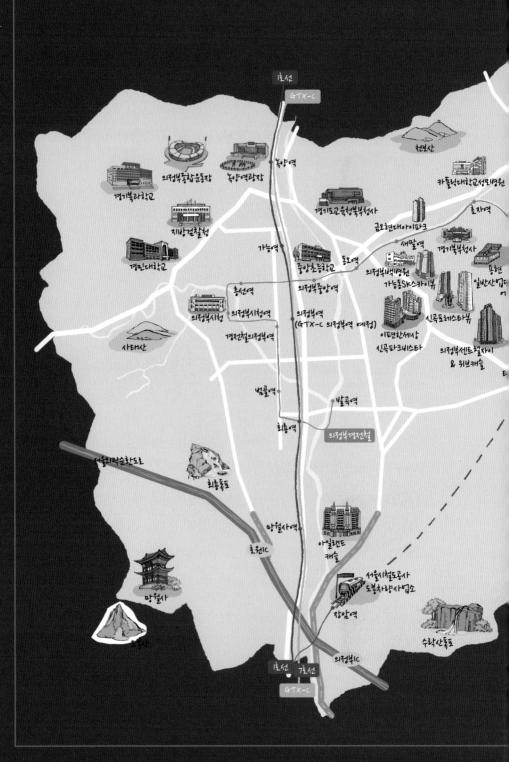

# Chapter 9

# 경기도 북부의 행정 타운, 의정부시 이야기

민락2공공주택지구

코스트코

민락IC

이마트

오

역
탑석역 예정)

고산공공주택지구

구리포천고속도로

동의정부IC

거문돌계곡

# 이름 자체가 행정 타운인 의정부

지도로 살펴본 의정부는 참 반듯합니다. 《서유기》의 중심인물인 손오공의 얼굴 모양 같기도 하고 영화 〈X-맨〉의 울버린 얼굴 같기도 합니다.

의정부(議政府)라는 지명은 조선시대 최고의 행정기관이었던 의정부의 명칭을 그대로 이어받은 것입니다. 그래서인지 많은 신도시가 태어나 목소리를 높이는 동안에도 경기도 지역에서의 위상이 크게 흔들리지 않았습니다. 의정부시는 북서로는 양주, 북동으로는 포천, 남동으로는 남양주, 남쪽으로는 서울에 에워싸여 있습니다. 서울은 논외로 하고, 양주·포천·남양주보다 면적이 훨씬 작음에도 지역 일대의 중심지 역할을 해왔다는 사실만으로도 의정부시가 가진 위치를 가늠할 수 있습니다. 지명에서 풍기는 인상과 이미지도 한몫했을 것입니다.

경기도 북동부에서 교통이 가장 편리한 지역 역시 의정부입니다. 광역 전철 교통망이 지나고, 자체 전철 교통망도 갖추었습니다. 광역 교통망으로는 지하철 1호선이 지나며, 의정부 안에서만 운행하는 의정부 경전철이 있습니다. 도로 교통망도 좋아서 경기도 1기 신도시들을 모두 지날 수

있는 수도권제1순환고속도로가 통과하며, 이외에도 경기도 북부의 양주·
동두천·포천시를 서울과 연결해주는 지역 교통의 요충지입니다. 미군 부
대가 의정부를 중심 거점으로 활용한 것도 이러한 지리적 중요성 때문이
었습니다. 미군이 주둔하는 입지는 대부분 해당 지역의 교통 요지라고 보
면 됩니다. 서울 용산구, 경기도 평택시처럼 말이죠.

### 과거엔 미군 부대가 전부였지만, 이제는 그냥 의정부다!

　과거의 의정부를 생각하면 미군과 부대찌개 등이 가장 먼저 떠오릅니
다. 부대찌개는 우리의 전통적인 찌개 조리법에 미군에게 지급된 햄, 치
즈, 통조림 콩 등의 재료를 첨가해서 만든 퓨전 음식입니다. 의정부를 대
표하는 이미지에 부대찌개가 포함된다는 건 그만큼 이곳에서 미군의 영
향력이 컸다는 사실을 반증합니다. 미군 주둔 지역은 미군 부대에 예속된
만큼 일반적인 한국인의
주거지와는 다른 모습을
보였고, 실제로 미군만을
위한 상권이 따로 형성되
기도 했습니다. 이것이 과
거의 의정부였습니다.

　하지만 현 시점에 이
르러 의정부를 연상하면
서 미군 부대를 떠올리는

캠프 홀링워터의 1970년대 모습(위)과
2007년 철수 직전의 모습(아래)

① 위치 ② 활용 면적(㎡) ③ 반환일 ④ 개발 계획 및 추진 사업

**캠프 레드클라우드**
① 가능동
② 63만 600
③ 2017년 이후
④ CRC안보테마 관광단지

**캠프 에세이욘**
① 금오동
② 22만 1,000
③ 2007년 5월 31일
④ 을지대병원 · 부속대학,
 교육청(2015년)

**캠프 카일**
① 금오동
② 13만 1,000
③ 2007년 5월 31일
④ 광역 행정 타운
 (경기북부경찰청 등 입주)

**캠프 라과디아**
① 가능동, 의정부동
② 15만 3,000
③ 2007년 4월 13일
④ 체육공원

**캠프 시어스**
① 금오동
② 13만 200
③ 2007년 5월 31일
④ 광역 행정 타운

**캠프 홀링워터**
① 의정부역 앞
② 2만 9,000
③ 2007년 5월 31일
④ 역전근린공원

**캠프 잭슨**
① 호원동
② 8만 1,900
③ 2017년 이후
④ 문화예술공원

**캠프 스탠리**
① 고산동, 용현동
② 82만 8,200
③ 2017년 이후
④ 액티브 시니어시티

기능역　경기도청북부청사　의정부시청　의정부역　의정부　회룡역　서울외곽순환고속도로　호원IC　의정부IC

반환기지　반환 예정 기지

의정부시 미군 반환 공여지 개발 계획

사람은 거의 없습니다. 그보다는 경기 북동부를 대표하는 행정 타운이라는 이미지가 커졌고, 경기 북동부의 택지개발지구이자 교통 요지라는 평가가 뒤따릅니다. 이렇게 의정부에 대한 인상이 바뀐 것은 물론 미군 부대가 옮겨갔기 때문입니다. 의정부에 주둔하던 8개의 미군 부대가 이전하면서 의정부의 변신이 시작되었습니다.

2007년 캠프 홀링워터·라과디아·카일·시어스·에세이욘 등 5개 부대가 차지하고 있던 77만 1,830㎡가 반환되었습니다. 이 부지 중 86%인 66만 4,200㎡에 대한 활용 계획이 확정되어 40건의 사업을 추진 중이거나 완료했습니다. 캠프 시어즈와 캠프 카일이 있던 26만㎡ 부지에 2009년부터 경기 북부 광역 행정 타운을 조성하기 시작했고, 2012년 9월 경기지방경찰청 제2청의 입주를 시작으로 의정부소방서 등 10개 기관이 순차적으로 입주했습니다. 금오동의 캠프 에세이온에는 경기도교육청 북부청사가 2014년 12월에 들어섰고, 을지대학교 캠퍼스와 병원이 2015년 11월 착공해 2019년에 완공했습니다. 캠프 라과디아가 있던 지역에는 의정부경찰서에서 흥선광장을 연결하는 790m의 도로가 개통하기도 했습니다. 캠프 레드클라우드와 캠프 잭슨의 미군은 2019년에 이미 철수했고, 캠프 스탠리는 철수 예정 상태입니다. 의정부시에서는 이 부지들에 대한 활용 계획을 계속 발표하고 있습니다. 결국 향후 미군 부대 부지를 어떻게 활용하느냐에 따라 의정부시의 부동산 방향이 정해질 것으로 보입니다.

## 교통망이 매우 중요한 지역

의정부시는 인구가 꾸준히 늘어나고 있고, 이와 함께 부동산 시세도 꾸준히 오르고 있습니다. 의정부에 계속 인구가 유입되는 이유는 일거리가 지속적으로 생겨나고 있기 때문이기도 하지만, 그보다는 서울의 베드타운 역할이 점점 커지고 있기 때문입니다. 서울의 부동산 시세를 수용하기 힘든 세대들이 서울로 출퇴근하기 용이한 경기도 도시 가운데 의정

수도권제1순환고속도로와
수도권제2순환고속도로 노선

경기도청 북부청사 ⓒ 경기도

부시를 주목했던 것이죠. 1호선 연장 개통과 경전철 개통이 이러한 움직임을 가속화했고, 특히 수도권제1순환고속도로가 개통하면서 의정부 부동산 시장의 판도를 바꾸어놓았습니다. 이것이 2007년의 일입니다. 당시 평당 600만 원이었던 금오현대아이파크 34평형이 지금 평당 1,000만~1,100만 원의 시세를 형성하고 있으니, 1억 원 넘게 집값이 상승한 것이죠.

이처럼 교통망의 확대는 한 지역의 판도를 완전히 바꿔놓습니다. 의정부시는 분지 지형이기 때문에 다른 지역과의 접근성이 매우 중요합니다. 도로망과 철도망에 절대적으로 의존할 수밖에 없는 것이죠. 따라서 어떤 곳이든 그 지역의 중심지와 연결되는 도로망이나 철도망이 개통할 때는 반드시 주목해야 합니다. 같은 관점에서 향후 교통망의 변화를 통해 의정부시의 미래가 어떻게 변할지 예측해보는 것도 재미있는 일이겠죠.

## 향후 의정부의 관전 포인트

의정부에는 경기도청 북부청사가 있습니다. 만약 경기도가 경기북도와 경기남도로 나뉘게 된다면 자연스럽게 경기북도의 도청 소재지는 의정부가 되는 것이죠. 도청사가 위치하면 관계 공공기관이 들어오고 민간 기업들도 함께 들어오게 됩니다. 지역 내 양질의 일자리가 늘어나게 되는 것이죠.

또 이런 관공서 주변에는 상권이 형성되기 마련입니다. 상권 바깥쪽으로는 신도시급 주거 타운이 형성되겠죠. 과거 과천시의 성장을 떠올려보세요. 너무 오래돼서 기억이 가물가물하다면 지금의 세종시를 통해 행정 타운의 정착 과정을 관찰하면서 상상해보기를 바랍니다.

의정부를 예측하는 또 다른 포인트는 미군 부대 부지의 활용입니다. 어떤 시설이 들어올지, 그 일이 실현되었을 때 어떤 파급력이 발생할지 예상해보아야겠죠. 구도심의 정비사업도 지속적으로 진행하고 있습니다. 최근 민락 2지구가 대규모로 개발되었습니다. 이처럼 다양한 지역 개발 호재들과의 시너지를 함께 고려해볼 때 의정부시는 미래 가치가 높아질 가능성이 매우 큽니다. 자, 그럼 각 동네를 하나하나 둘러보면서 의정부의 미래 가치를 정리해볼까요?

# 천혜의 자연환경과
# 미래의 비전이 공존하다

|동네 이야기 1| 의정부 행정·업무·상권의 중심, 의정부동

부동산 입지를 판단하는 데 있어 교통 편리성과 생활편의 시설은 매우 중요한 요소입니다. 좋은 직장이 많으면 금상첨화겠지요. 이러한 조건을 갖춘 대표적인 곳이 서울의 강남이고, 경기도에서는 분당과 판교 정도라고 할 수 있습니다.

이 3가지 요소만 놓고 보면 의정부동 역시 매우 좋은 조건을 갖추고 있습니다. 교통 측면을 보면 더블 역세권입니다. 1호선 의정부역이 있고, 경전철이 무려 4개나 있습니다. 생활편의 시설 역시 풍부합니다. 경기 북동부의 유일한 백화점인 신세계백화점을 중심으로 다양한 상가들과 재래시장이 잘 어우러져 의정부시 전체에서 가장 좋은 상권을 이루고 있습니다. 게다가 좋은 직장도 많습니다. 대표적인 시설이 의정부시청이죠. 그 옆에 교육청, 세무서, 한국전력이 있습니다.

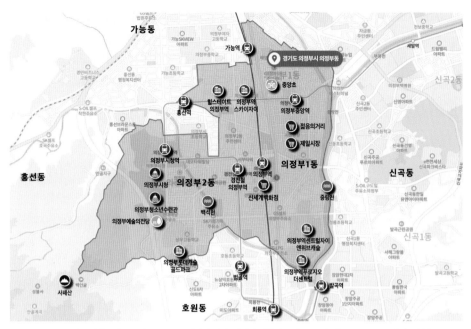

의정부동 지도. 행정 구역상으로는 1동과 2동으로 구성되어 있다. 하지만 관습적으로는 1동 남쪽을 3동으로 구분하기도 한다.

그러나 이렇게 좋은 여건을 갖추고 있음에도 의정부시에서 의정부동이 가장 살기 좋은 동네라고 평가하는 분은 많지 않습니다. 오히려 화려한 시설이 별로 없는 호원동이나 장암동, 금오동, 민락동 등을 선호하죠. 왜 그럴까요? 주거지로는 너무 복잡해서 안정된 분위기가 덜하기 때문일 겁니다. 특히 주거지에서는 교육 환경이 중요한데, 의정부동은 학교의 접근성이 좋지 않습니다. 의정부동은 행정과 업무, 상권의 중심지이기는 하지만, 주거지 중심은 아닙니다. 따라서 의정부동은 주거지로서의 요인을 제외해야 그 가치를 제대로 평가할 수 있습니다.

의정부동을 3개 지역으로 나누어 살펴보겠습니다.

의정부 1동에는 조선시대에 파발마가 있었습니다. 과거부터 교통의 요지였고 공무로 출장을 다니는 사람들이 쉬어가는 곳이었기 때문에 자연스럽게 시장과 유흥 시설이 자리 잡았습니다. 지금까지도 이런 이력이

로데오거리(위)와 부대찌개 거리(아래)

그대로 전해져 내려오고 있습니다. 의정부시에서 가장 큰 시장인 제일시장을 비롯해서 청과야채시장, 중앙상가 등이 있고, 로데오거리인 젊음의 거리, 유명한 의정부 부대찌개 골목이 상권을 형성하고 있습니다. 또한 유흥업소도 밀집해 있는데요, 각종 호텔 등 숙박업소와 의정부시 전체의 60%에 달하는 음식점이 모여 있습니다. 그만큼 돈이 많이 오가는 곳이라 금융기관도 밀집해 있죠. 재미있는 점은 의정부동 상권 한가운데에 중앙초등학교가 위치하고 있다는 사실입니다. 1896년에 개교한, 120년의 역사를 자랑하는 교육 시설입니다. 의정부 교육의 산증인인 셈이죠. 이 동네 주민들은 고조할아버지부터 아버지까지 모두가 학교 선후배입니다. 의정부교육청이 중앙초등학교 옆에 있는 것은 우연이 아닐 겁니다.

의정부 2동에는 의정부시청사가 있습니다. 서쪽으로 사패산이 있고 도시 중앙에는 백석천이 흐릅니다. 이 사이에 시청사가 자리 잡고 있는데, 누가 보더라도 지역의 중심 시설이 들어설 자리입니다. 쾌적하고 전망이 좋은 곳이죠. 그 옆에는 의정부세무서가 있고, 의정부청소년수련관 그리고 의정부가 자랑하는 의정부 예술의전당이 있습니다. 이처럼 관공서와 공공기관이 많기 때문에 의정부동에서는 가장 고급스러운 느낌을 줍니다. 원래 의정부 2동에는 한국전쟁 이후 탄약 부대가 쭉 주둔하고 있었습니다. 이 부대를 시 외곽으로 이전시키고 그 부지를 새롭게 단장한 것입니다. 미군 부대가 이전한 의정부시의 미래 방향을 알 수 있게 하는 하나의 좋은 사례가 되는 것이죠. 그리고 현 시점 의정부시에서 최고가 아파트라고 할 수 있는 의정부롯데캐슬골드파크가 있는데, 평당 2,000만 원 전후의 시세를 형성하고 있습니다.

의정부 3동(현재 의정부동의 행정 구역은 1동과 2동으로 나누어져 있으나, 주민들은 1동 남쪽 지역을 3동으로 여긴다. 실제로 의정부 3동 우체국, 3동 지구대 등의 공공시설이 아직 남아 있다)은 대한민국 근대사의 애환이 서린 곳입니다. 한국전쟁 당시 황해도 피난민들이 내려와 마을을 형성했고, 베트남전쟁에 참전하고 돌아온 사람들이 마을을 이룬 곳도 있습니다. 의정부 3동의 경계는 매우 화려합니다. 북쪽으로 1호선 의정부역과 신세계백화점이 있고, 서쪽 경계에는 백석천이 흐르며, 동쪽 경계에는 중랑천이 흐릅니다. 이 두 하천이 만나는 지점이 의정부동의 최남단입니다.

교육 환경을 중요한 요소로 생각하지 않는 분들에게 의정부동은 꽤 괜찮은 곳입니다. 특히 상업 활동을 하는 분들에게는 더욱 좋은 곳입니다. 출퇴근 편의성을 중요하게 여기는 분들에게도 의정부 최고의 지역이 될 것입니다. 왜냐하면 경기도민의 염원인 GTX-C 노선이 예정되어 있기 때문입니다.

의정부시청(좌)과 의정부 예술의전당(우)

의정부역스카이자이(위)와 힐스테이트의정부역(아래) 조
감도

2022년 7월 입주 예정인 의정부역센트럴자이앤위브캐슬, 2023년 8월 입주할 의정부역푸르지오더센트럴, 2024년 2월 입주할 힐스테이트의정부역, 2024년 8월 입주를 기다리는 의정부역스카이자이의 성공적인 분양 결과만 보아도 의정부동의 미래에 큰 기대를 걸고 있는 사람이 얼마나 많은지 알 수 있습니다.

동네
이야기
2

## 의정부의 최고 인기 지역, 호원동

호원동 면적의 86%는 개발제한구역입니다. 대부분 산과 하천으로 이루어져 있지요. 국립 공원인 도봉산이 있고, 북한산의 지류 중 하나인 사패산이 있습니다. 하천으로는 북쪽의 회룡천, 동쪽의 중랑천이 있습니다. 유명한 문화재인 망월사도 있지요. 자연환경으로 둘러싸여 있어서 소음을 유발할 시설이 거의 없습니다. 호원동을 남북으로 지나가는 전철이 유일한 소음원이지요. 그래서 10년 차 이내의 신규 아파트가 없는데도 의정부에서 가장 인기 있는 주거지입니다. 1호선 전철역(망월사·회룡역) 주변과 중랑천, 회룡천 주변으로 주거 시설과 학교가 밀집해 있습니다.

교육 환경이 좋은 만큼 초등학교, 중학교, 고등학교는 물론 신한대학교(의정부 캠퍼스)도 있습니다. 학교 주변에 학원이 많아서 학생을 위한 시

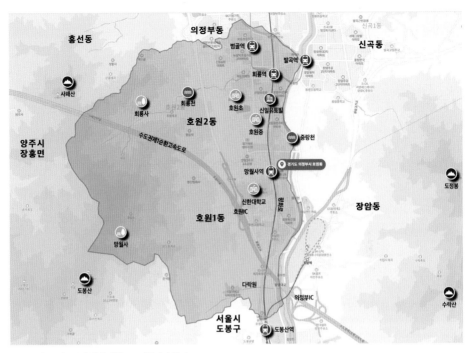

호원동 지도. 대부분이 산과 하천으로 이루어져 있다.

설이 다 갖추어진 동네입니다. 주거지로서의 선호도가 좋을 수밖에 없죠.

호원동은 현재 의정부시에서 가장 높은 시세를 형성하고 있습니다. 특히 1호선과 경전철 더블 역세권인 회룡역 주변이자 호원초등학교와 호원중학교를 끼고 있는 신일유토빌아파트가 가장 비쌉니다. 평당 1,400만 원 정도로, 1군 브랜드 아파트는 아니지만 초역세권에 교육 환경을 갖춘 입지적 장점 때문에 최고의 시세를 보이는 것이죠. 하지만 신규 아파트들처럼 시세 상승이 크게 눈에 띄지 않는다는 점을 감안해야 합니다.

호원동이 의정부시의 다른 지역보다 상대적으로 시세가 높은 이유는 또 있습니다. 의정부의 최남단에 위치해 있기 때문이죠. 이는 서울과의 접근성이 좋다는 의미입니다. 물론 강남권 일자리까지는 시간이 많이 걸리지만, 1호선을 이용하면 강북권 일자리 밀집 지역까지는 30분 안에 도착합니다. 광역 도로망 교통도 아주 좋습니다. 수도권제1순환고속도로 IC

망월사. 신라 선덕여왕 때 창건한 절로 1,500년의 역사를 자랑한다.

2개가 호원동과 그 주변에 있으며, 특히 호원 IC는 의정부 서부로로 연결되어 의정부시청까지 바로 도달하게 해줍니다. 중랑천 건너편의 장암동에는 의정부 IC가 있는데요, 평화로로 연결되어 의정부 시내로 진입이 가능합니다. 호원동은 이렇게 전철, 도로 등 교통 여건이 아주 좋은 동네입니다.

호원동의 아파트들은 크게 2개 권역으로 양분되어 있습니다. 한 권역은 경전철 회룡역 주변과 범골역 주변이며, 다른 한 권역은 1호선 회룡역부터 망월사역까지 중랑천 길을 따라 길게 배열된 단지들입니다. 중랑천이 남북으로 흐르는 하천이라 아파트 대부분 동향이긴 하지만, 마치 한강변에 단지가 쭉 배열된 반포동, 잠원동, 압구정동 같은 느낌을 줍니다. 특히 중랑천 건너편은 천혜의 자연환경이 그대로 살아 있기 때문에 도정봉과 수락산 조망이 아주 끝내줍니다. 거실 창밖을 바라보고 있으면, 한 폭의 동양화를 감상하는 것 같은 착각이 들 정도니까요. 이 호원동 중랑천변은 정비 공사를 통해 많은 사람이 이용하는 산책로와 운동 공간으로 변모했습니다. 자전거도 타고 조깅하는 분들도 많이 볼 수 있고요. 특히 봄철 벚꽃길로 유명해 인근에서도 많이 찾아옵니다.

호원동은 서울에서 들어오는 의정부시의 관문입니다. 지금도 범골(역)

이라는 지명이 남아 있는데, 조선시대에는 도봉산 입구에 원(院)이 있었다고 합니다. 국가에서 공무 출장자의 숙식을 제공하던 곳이지요. 호원(虎院)이라는 지명은 '범(호랑이)'과 '원'이 합쳐져 만들어진 것으로 추정할 수 있습니다.

호원동 동쪽을 남북으로 관통하는 평화로를 따라가다 보면 다락원이라는 자연마을이 나옵니다. 조선시대에는 함경도 원산에서 강원도 철원, 경기도 포천을 거친 뒤 호원동을 통해 서울로 가는 상품 교역로가 번창했는데, 서울로 들어가는 관문인 이곳에 상점들이 계속 생기면서 다락원이라고 불리게 되었던 것이죠. 지금도 평화로 주변에는 상가들이 많습니다. 의정부 호원동의 스트리트 상권이죠.

도봉산은 등산객들 사이에 인기가 많은 산입니다. 1호선 망월사역에서 출발하는 코스를 타면 원도봉산 계곡과 회룡사 주변 계곡의 아름다운 경관을 즐길 수 있습니다. 등산객으로 사계절 붐비죠. 때문에 등산로 입구에 좋은 상권이 형성되어 있습니다.

살기 좋고 서울이 가까우며 교통·교육·자연환경이 뛰어난 호원동은 앞으로도 의정부 최고의 인기 지역일 수밖에 없겠네요.

중랑천변에 핀 벚꽃. 봄이면 행락객이 많이 찾는다.

## 천혜의 입지, 장암동

장암동은 의정부동보다 면적이 2배나 넓지만, 인구는 3분의 1 수준입니다. 인구 밀도가 아주 낮은데요, 그럴 수밖에 없는 것이 대부분 수락산과 도정봉 등 산지로 이루어져 있기 때문입니다. 호원동에서 중랑천 건너편으로 보이는 그 좋은 풍경이 모두 장암동이라고 보면 됩니다. 수락산과 도정봉은 도봉산에 버금가는 인기 등산 코스입니다.

장암동은 많은 사람이 모여 사는 곳이 아니어서 들려줄 만한 이야기가 많지 않지만, 앞으로 사람들이 많이 찾게 될 가능성이 크기 때문에 몇 가지만 짚어보도록 하겠습니다.

이곳에는 총 9개의 아파트 단지가 있습니다. 의정부 경전철 발곡역 주변과 7호선 종점인 장암역 아래에 있는 단지들입니다. 그 넓은 면적에 고

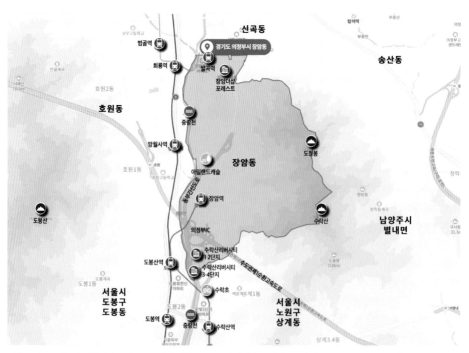

장암동 지도. 호원동과 마찬가지로 대부분이 산과 하천으로 이루어져 있다. 그런데도 서울과 맞붙어 있어 시세는 높은 편이다.

작 10여 개의 단지밖에 없으니, 거의 미개발지에 가깝다고 할 수 있습니다. 그럼에도 불구하고 장암동은 의정부시를 이야기할 때 늘 회자되는 지역입니다.

수락산리버시티와 단지 조감도

놀랍게도 아파트 평균 시세가 높은 편입니다. 지금은 의정부동에 밀리기는 했지만, 한때 의정부시를 통틀어서 가장 비싼 아파트였던 수락산리버시티 1·2단지가 바로 장암동에 있습니다. 현재는 2020년 1월 입주한 장암

더샵포레스트가 장암동에서는 가장 높은 시세를 보입니다. 평당 1,500만 원 전후인데요, 의정부시 아파트 평균 시세가 평당 1,000만 원 정도임을 감안하면 꽤 높은 가격대인 것이죠. 재미있는 사실은 수락산리버시티 3·4단지도 있는데, 이 단지들은 장암동이 아니라 서울시 노원구 상계동에 속합니다. 당연히 가격이 장암동의 1·2단지보다 3,000~5,000만 원 정도 더 비싸죠. 이러한 차이는 서울과 의정부, 두 지역이 갖는 부가가치의 차이로 보입니다.

학교와 상권 등 특별한 기반 시설이 없는 수락산리버시티의 시세가 높은 이유를 분석해보면 장암동이 어떤 입지인지 알 수 있습니다. 가장 중요한 것은 서울 접근성이 높은 생활권이라는 점입니다. 길(중랑천)을 건너야 하기는 하지만, 7호선과 1호선 더블 역세권인 도봉역을 이용할 수 있는데요, 의정부시에서는 서울의 강남과 연계되는 7호선을 이용할 수 있는 유일한 지역입니다. 도로망도 좋아서 수도권제1순환고속도로를 탈

아일랜드캐슬 워터파크

수 있는 의정부 IC가 있고요, 서울 북동부 지역에서 가장 중요한 도로인 동부간선도로의 시작점입니다.

자연환경은 더할 나위 없습니다. 서울 강북권의 생명수라고 할 수 있는 중랑천변에 있으며, 모든 단지 뒤편으로는 수락산이 병풍처럼 펼쳐져 있습니다. 배산임수 지형이죠. 다른 의정부 지역이 누릴 수 없는 혜택이 하나 더 있습니다. 서울 수락초등학교로 배정될 수 있다는 점이죠. 물론 중학교부터는 의정부 학군에 포함됩니다.

주거 시설이나 상업 시설이 추가로 공급된다면 인기가 많을 수밖에 없는 곳입니다. 실제로 2009년에 아일랜드캐슬이라는 워터파크 리조트가 개발되었습니다. 코로나19로 2020년 2월부터 영업을 못 하고 있지만, 7호선 종점 장암역에 위치하고 있어서 접근성이 매우 좋은 시설입니다. 이 시설만 제대로 운영된다면 장암동 지역 분위기도 반전될 것입니다. 사람들이 더 많이 찾는 곳이 될 테니까요. 사람들이 많이 찾는 곳은 부동산 가치도 올라갑니다. 그래서 장암동에 관심을 가질 필요가 있는 것이죠.

동네
이야기
4

## 흥선대원군이 은둔했던 가능동

가능동은 고양시와 양주시를 통해 의정부시로 들어서는 관문입니다. 특히 수도권제1순환고속도로가 생기기 전까지는 고양시 통일로에서 양주

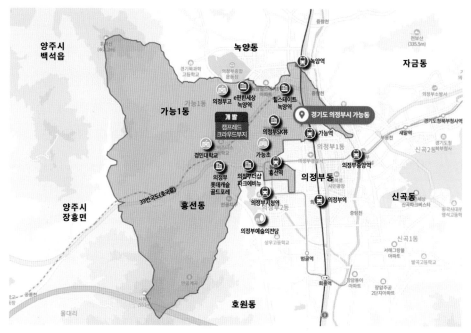

가능동 지도. 원래 가능 1동부터 3동까지 있었으나, 2동과 3동이 합쳐져 흥선동이 되었고, 가능 1동은 가능동이 되었다. 현재 행정적으로 가능동을 말할 때는 흥선동을 포함한다.

송추를 통해 넘어오는 39번 국도가 의정부로 향하는 중심 도로였습니다. 이 39번 국도 주변 풍광은 매우 아름다워서 수도권제1순환고속도로가 있음에도 여전히 39번 국도를 통해 드라이브를 즐기는 분들이 꽤 많습니다.

가능동은 미군 부대로 유명한 동네였습니다. 일반인들은 거의 갈 일이 없는 곳이었죠. 한국전쟁 이후 미 1군단이 이곳에 주둔하면서 일부 지역에는 미군 기지촌이 형성되기도 했습니다. 그래서 이 지역 부동산은 다세대·다가구·상가 주택이 대부분이었습니다.

하지만 이제는 분위기가 많이 달라졌습니다. 2007년 의정부SK뷰가 가능동의 주거 지역 한가운데에 들어서면서 지역 부동산의 변화가 시작되었죠. 의정부SK뷰 주변에는 초·중·고등학교가 5개나 모여 있습니다.

양질의 대형 단지가 들어서면서 지역의 위상이 달라진 것입니다. 하지만 가능동의 집값은 여전히 높지 않은 편입니다. 몇몇 아파트를 제외하면 대부분 평당 1,000만 원 이하입니다. 집값이 낮다는 건 아직 그 지역에서 살기를 희망하는 사람이 많지 않다는 의미입니다. 그만큼 가능동 내에서도 선호도의 차이가 크다는 점을 숙지해야 합니다.

현재 가능동 최고가 아파트는 2018년 11월 입주한 힐스테이트녹양역입니다. 평당 1,700만 원 전후죠. 2019년 7월 입주한 e편한세상녹양역도 평당 1,400만 원 정도로 시세가 높은 편입니다. 아마도 2021년 7월 입주하게 될 의정부더샵파크에비뉴나 2023년 1월 입주할 의정부롯데캐슬골드포레가 신고가를 갱신하겠지요.

여기서 생각해봐야 할 부분이 있습니다. 이렇게 신규 아파트들의 시세가 오르면 기존 아파트들도 이 시세를 따라올 것이냐 하는 문제입니다.

좋은 시설 주변은 선호할 것이고, 반대의 경우에는 회피하겠죠. 새 아파트는 선호할 것이고, 오래된 아파트는 후순위로 밀려날 겁니다. 때문에 먼저 가능동에 어떤 좋은 시설들이 있는지 살펴봐야겠죠. 의정부지방법원과 의정부지방검찰청, 의정부시민회관, 1호선 가능역, 의정부고등학교, 가능초등학교, 경민대학교 등이 있습니다. 그 주변의 새 아파트가 1순위 거주 대상이 될 것이고, 구축 아파트가 2순위가 될 것입니다. 이처럼 좋은 시설이 주변에 있지도 않고 게다가 구축 아파트라면 말할 필요가 없겠지요.

가능동에는 몇 가지 호재가 있습니다. 먼저 미군 부대 이전 건입니다. 캠프 레드클라우드가 2017년에 이전했는데, 이 부지는 규모가 꽤 크고 여러 가지 형태로 개발 가능한 매우 좋은 입지입니다. 이곳에 어떤 시설들이 들어설지 관심을 가질 필요가 있습니다.

두 번째 호재는 교외선의 활용 계획입니다. 교외선은 경기도 고양시 능곡역에서 의정부역을 잇는 노선이었습니다. 1963년 개통된 이 열차 노선은 고양시 능곡-벽제-일영-장흥-송추-의정부를 연결하는 철도망으로, 경기 북부를 동서로 이어주었습니다. 하지만 대체 교통수단이 속속 등장하고 도로망이 확대되면서 적자가 누적되자 결국 2004년 4월에 운행을 중단했습니다. 그러던 중 최근 고양시와 의정부시는 이 교외선 재개통을 추진하는 데 합의했고, 전철화한다는 전제하에 국토부의 제3차 국가 철도망 구축 계획에 선정되었습니다. 철도선과 역사가 그대로 남아 있어서 많은 비용이 들지 않기 때문에 개발될 가능성이 큽니다. 관광철도나 트램(Tram)으로 활용하자는 의견, 대곡소사선과 연결하여 경기 순환 철도로 발전시키자는 의견 등이 나오고 있다고 합니다. 어떤 형태로든지 이 교외선을 활용하는 계획이 가시화되면 가능동은 또 다른 발전 가능성을 갖게 되는 것이지요.

교외선의 운명을 보면 흥선대원군이 떠오릅니다. 고종이 즉위하고 수렴청정을 하던 흥선대원군은 왕권의 상징인 경복궁 중건으로 백성들의 원성을 사게 되고 명성황후와의 권력 싸움에서 밀려나면서 운현궁에 머무르게 됩니다. 이후 운현궁에서 나온 흥선대원군이 임오군란으로 재집

1961년 교외선 일부 구간을 개통할 당시의 사진(좌)과 교외선 노선도(우)

권하기까지 약 8년간 머무른 곳이 바로 의정부시 가능동이었습니다. 가능동 직곡산장에서 재집권의 기회를 노렸다고 합니다. 직곡산장은 가능동 702번지 일대로 현재는 빌라 밀집 지역입니다. 흥선대원군의 재집권은 결국 삼일천하로 끝났지만, 교외선은 반드시 재운행해서 가능동에 빛을 드리우기를 기원합니다.

## 의정부 최북단, 녹양동

녹양동은 군사용 말을 기르던 녹양평(綠楊坪)이라는 목장이 있었다 해서 생긴 지명입니다. 녹양역 광장 한가운데에 말 두 마리가 풀을 뜯는 형상을 한 동상을 세워 과거를 기억하고 있습니다.

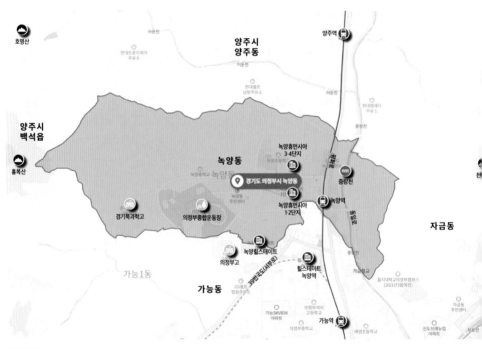

녹양동 지도

녹양역 광장에 있는 말 동상. 이 일대가 과거에 군마(軍馬)를 키우던 곳이었음을 나타낸다. ⓒ 한국관광공사

현재 녹양동은 39번 국도, 평화로, 동일로, 서부로가 교차하고 있습니다. 서부로를 이용하면 수도권제1순환고속도로로 호원 IC에, 39번 국도를 이용하면 송추 IC에 진입하기가 용이합니다. 이 도로들을 이용하여 동두천, 양주, 고양, 서울을 오가는 거의 모든 버스가 1호선 녹양역을 지납니다. 사통팔달의 교통 요충지인 것이죠. 과거의 가장 빠른 교통수단이었던 말을 이곳에서 키웠다는 사실에서 녹양동이 교통의 요지가 될 수밖에 없는 운명을 엿볼 수 있습니다.

녹양동은 홍복산, 호명산, 불곡산, 천보산, 수락산 등이 감싸고 있어 환경이 매우 쾌적합니다. 대부분의 지역이 개발제한구역으로 묶여 있었지만, 의정부종합운동장이 완공되고 2006년에 녹양역이 개통하며 주변 택지개발이 이루어지는 과정에서 많은 변화가 있었습니다. 의정부종합운동장은 주경기장 외에 실내 체육관, 빙상·사이클 경기장 등을 갖춘 대규모

경기북과학고등학교(위)와 힐스테이트녹양역(아래)

체육 시설입니다. 경기 북부의 최고 명문으로 꼽히는 경기북과학고등학교도 이곳에 자리 잡고 있습니다.

녹양동의 주거 시설은 2006년 힐스테이트 단지가 입주하면서 업그레이드되기 시작했습니다. 이후 2008년 휴먼시아 4개 단지가 입주하면서 주거 타운으로서의 면모를 갖추게 되었죠. 주변에 상업 시설들도 계속 늘어나고 있습니다.

<table>
<tr><td>동네<br>이야기<br>6</td><td>의정부의 행정 중심이 될 금오동</td></tr>
</table>

금오동 북쪽에 있는 천보산(天寶山, 337m)은 하늘 밑 보배로운 산이라는 뜻입니다. 남쪽으로는 서쪽에서 발원한 부용천이 중랑천을 향해 흘러갑

금오동 지도. 외부 지역과의 접근성이 좋지 않았으나 의정부 경전철이 개통하면서 대중교통이 편리해졌다.

니다. 천보산의 높이는 종로구 북악산과 유사하고, 부용천은 청계천과 유사한 분위기를 띱니다. 서울 북악산을 등지고 청계천을 바라보는 곳에 경복궁이 있습니다. 그렇다면 금오동

금오현대아이파크 단지

도 왕궁이 될 수 있지 않았을까요? 그만큼 금오동은 쾌적합니다.

2000년대 초반 금오지구가 개발되며 부용천변을 따라 아파트 단지들과 상업 시설들이 들어섰습니다. 금오동의 랜드마크 아파트는 금오현대아이파크입니다. 금오현대아이파크는 금오동뿐 아니라 의정부시 전체 아파트 시세의 기준이 되는 단지입니다. 의정부의 부동산 시세 패턴과 거의 유사한 움직임을 보이기 때문입니다. 2002년에 입주해서 현재 평당 1,000만 원 전후의 시세를 보이는데, 의정부 평균 시세를 대변하고 있죠. 이외에 금오신도브래뉴가 있고, 주공그린빌도 있습니다. 모두 비슷한 시기에 입주하여 금오동을 살기 좋은 주거 지역으로 정착시켰습니다. 금오현대아이파크와 주공그린빌 3단지 사이에는 상권이 잘 형성되어 있습니다. 홈플러스도 있고, 그 외에 대형 상가가 밀집해 있습니다.

경기도교육청 북부청사, 경기도 북부경찰청, 한국석유관리원 북부본부 등의 공공기관에 의정부운전면허시험장, 시외버스터미널, 경찰공제회, 가톨릭대학교 의정부성모병원 등의 시설도 있습니다. 교육 시설로는 의순초등학교, 금오초등학교, 천보중학교, 금오중학교 등이 있습니다.

갖출 것은 모두 갖추고 있는 듯한 금오동에도 단점이 하나 있습니다.

부용천의 야간 분수쇼(좌)와 을지대학교병원 조감도(우)

바로 외부에서의 접근성입니다. 포천으로 향하는 43번 국도를 제외하면 금오동으로 갈 만한 길이 없습니다. 하지만 의정부 경전철이 개통하면서 금오동에만 5개 역이 생겼습니다. 대중교통 이용이 편리해지면서 의정부 최고 인기 지역인 호원동에 근접할 정도로 시세가 꾸준히 올랐습니다.

금오동의 주거지가 쾌적한 데에는 부용천 자연생태공원의 역할이 컸습니다. 단순한 개천에 지나지 않았지만 다양한 문화생활을 향유할 수 있는 공간으로 변모했죠. 하천변에 수변 무대가 조성되어 있고, 야간 분수쇼를 위한 시설도 마련되었습니다. 아기자기한 하천 징검다리도 놓였고, 자전거 도로와 보행자 도로가 따로 설치되었습니다. 중랑천을 거쳐 한강까지 다녀올 수 있는 코스가 조성되어 주민들의 많은 사랑을 받고 있습니다.

금오동은 계속 발전할 것입니다. 특히 이전한 미군 부대 부지에 공공기관이 추가적으로 입주하고 대학교와 병원이 들어오게 되면, 업무지구와 주거 타운이 어우러진 의정부시 최고의 지역이 될 것입니다.

미군 부대 캠프 에세이욘이 반환한 12만 3,096㎡ 부지에 을지대학교 의정부 캠퍼스를 짓고 있는 중인데, 2021년 3월에 개교할 예정입니다. 대학교뿐 아니라 900개 이상의 병상을 갖춘 을지대학교 병원도 함께 개원합니다. 금오동은 이름 그대로 하늘 아래 보배로운 땅이 되어가는 중입니다.

# 새로운 신도시로 변모하고 있는 신곡동

의정부시에서 사람이 가장 많이 사는 곳이 신곡동입니다. 동쪽에는 효자봉이 있고, 북쪽으로는 부용천이 흘러 서쪽의 중랑천에 합류합니다. 자연환경이 무척 뛰어나죠. 조선의 9대 임금 성종의 열 번째 아들인 경명군의 후손들이 이곳에 마을을 꾸려 살았다고 합니다. 왕손들의 땅인 것이지요.

신곡동은 하천과 산으로 둘러싸인 탓에 의정부시의 다른 지역에 비해 낙후된 곳이었습니다. 하지만 금오동처럼 택지개발사업이 진행되면서 인구가 몰리기 시작했습니다. 호원동 다음으로 아파트 단지가 많죠. 1988년 신곡주공아파트를 시작으로 곳곳에 아파트 단지가 형성되었고, 이에 따라 인구가 크게 증가했습니다. 특히 2019년 3월 e편한세상신곡파크비스타가 입주하고, 2020년 8월 e편한세상신곡포레스타뷰가 입주하면서

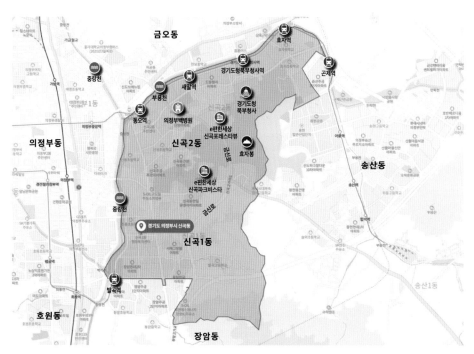

신곡동 지도. 1동과 2동으로 나뉜다.

e편한세상신곡파크비스타(좌)와 e편한세상신곡포레스타뷰(우)

신곡동의 위상이 크게 상승했습니다.

의정부 경전철을 금오동과 함께 이용할 수 있으며, 동부간선도로에서 연결되는 금신로가 신곡동 중앙부를 남북으로 관통합니다.

다소 밋밋했을지도 모를 신곡동에 경기도청 북부청사가 들어서면서 활기를 불어넣었습니다. 주변에 대형 상권이 형성되었죠. 인구가 많은 만큼 학교도 많고 학원가도 잘 형성되어 있습니다. 의정부과학도서관과 대형 병원인 의정부백병원이 있습니다.

신곡동은 택지개발의 전형을 보여주는 곳입니다. 금오동보다 규모가 크고 학교도 많기 때문에 의정부로 이사할 계획이 있는 분들은 가장 먼저 검토해볼 만한 지역입니다.

사진 위쪽의 경기도청 북부청사 건너편으로 홈플러스를 비롯한 대형 마트와 상권이 잘 형성되어 있다.

# 이제 의정부의 꼴찌라 부르지 마라! 용현동

용현동에는 용현 산업단지가 있습니다. 용현동의 주거 지역만큼이나 규모가 큽니다. 재미있게도 이 산업단지 한가운데에 무덤이 하나 있는데, 정문부 장군 묘입니다. 국사책에도 나오는 임진왜란 때 활약한 의병장 중한 분으로 함경도에서 활약했습니다. 역사의 아이러니 가운데 하나가 나라를 위해 목숨 걸고 싸운 분들 가운데 다수가 홀대를 받았다는 점입니다. 일제 강점기 때 독립운동을 했던 분들도 대부분 제대로 대접받지 못했잖아요. 오히려 역차별을 당했죠. 정문부 장군 역시 억울한 죽음을 맞았습니다. 병자호란 때 인조에 의해 무고를 당해 형장의 이슬이 되고 말았습니다. 숙종 때 복원되기는 했지만, 나라와 백성을 위한 의로운 행동이 정치적 셈법에 의해 희생되었다는 사실을 생각하면 용현동을 지날

용현동 지도. 용현동은 행정 구역상 송산 1동에 속한다.

용현 산업단지(좌)와 정문부 장군 묘역(우)

때마다 분하고 원통한 마음이 되살아나고는 합니다. 그래도 정문부 장군은 지금도 후세에게 좋은 기운을 심어주고 있습니다. 장군의 묘역이 삭막한 공장 지대인 용현 산업단지에 녹지의 숨결을 불어넣어주는 오아시스 역할을 하고 있으니까요.

용현동은 의정부에서 시세가 가장 낮은 곳입니다. 시세가 낮은 지역은 그 이유에 대해 한 번쯤 정리해볼 필요가 있습니다. 무엇보다 교통 환경이 좋지 않았고, 자동차를 이용하지 않으면 가기 어려운 곳이었습니다. 하지만 이제 경전철이 생기면서 대중교통 환경이 크게 개선되었습니다. 역세권 주변에 상권도 형성되었습니다. 용현동의 학생 대다수가 금오동이나 신곡동의 학원가를 많이 이용하지만, 최근 들어 보습학원이 많이 생겼습니다.

여러 가지 환경이 개선되기는 했지만 용현동은 여전히 인기 지역이 아닙니다. 사람을 유인할 시설이 전혀 없기 때문이죠. 어룡역 앞 롯데마트가 있기는 하지만, 관심 지역이 아닙니다.

하지만 용현동이 새로운 전기를 맞이하게 되었습니다. 대규모로 확대된 민락 2지구 개발입니다. 용현동은 민락동에서 의정부시 중심으로 가는 길목에 있기 때문에 용현동에도 유동 인구가 많아질 것입니다. 이처럼 민락지구 개발은 용현동에도 호재로 작용합니다. 2021년 12월 입주 예정인 2,572세대의 탑석센트럴자이의 분양 결과가 용현동의 미래 가치를 가늠하는 잣대가 되겠지요.

동네
이야기
9

## 의정부의 새로운 희망, 민락동

2000년대 초반 의정부 개발의 중심은 민락동이었습니다. 노원구에서 연결되는 3번 국도를 따라 북으로 이동하고 남양주에서 43번 국도를 따라 북으로 이동하다 보면 만나게 되는 곳이 민락동입니다. 서울과 남양주, 구리로의 접근성이 좋은 이곳을 대규모 개발을 한다는 사실 하나만으로도 당시 큰 뉴스가 되었습니다. 서울 인근 지역에 평당 300만 원 전후 분양가로

민락동 지도. 원래 이곳은 송산동의 일부였다. 송산동은 인구 과밀로 송산 1동(용현동, 고산동, 신곡동)과 송산 2동으로 나뉘었다. 2020년 들어 송산 2동은 다시 민락동과 낙양동으로 나뉘었다. 현재 낙양동은 행정 구역상 송산 3동에 속한다.

민락 2지구 주변에 조성된 송산사지 근린공원

실거주 아파트를 찾는 사람들에게는 아주 좋은 부동산 상품이었죠. 그러나 인기는 그리 오래가지 못했습니다. 비슷한 시기에 개발된 금오동이나 신곡동에 행정기관을 양보해야 했기 때문입니다. 게다가 용현 산업단지 이외에는 주변에 특별한 시설도 없었습니다. 사실 민락지구 자체도 처음 계획보다는 규모가 그리 크지 않았습니다.

2003년부터 주공아파트 단지들에 주민들이 입주하고 민간 아파트들도 분양되었습니다. 하지만 의정부에서 상대적으로 저렴한 주거지였기에 실거주층들이 꾸준히 찾는 지역 정도로만 평가되었습니다. 당연히 외부 지역에서는 거의 관심을 갖지 않았습니다.

그랬던 민락동의 위상이 최근 들어 완전히 달라졌습니다. 지난 5년간의 의정부 부동산 관련 기사를 찾아보면, 50%가 민락동 개발에 관한 것입니다. 분양 광고도 참 많습니다. 의정부 분양 역사상 초기에 완판되는 경우는 단 한 번도 없었는데, 민락 2지구부터 완판은 물론 프리미엄까지 붙는 단지들이 속속 등장했습니다. 현재 민락 2지구는 지속적으로 입주가 이어지고 있고, 분양과 개발 역시 진행 중입니다. 의정부 통틀어 가장 규모가 큰 개발사업인 데다 거의 10년 만에 공급이 이루어지는 덕분에 인근 지역인 양주와 포천, 남양주는 물론 서울에서도 관심을 갖고 있습니다. 주변 지역의 관심이 커지면 그 지역의 브랜드 가치는 올라가게 되어 있습니다.

한동안 부동산 시장에서 소외되었던 의정부는 경전철이 개통하면서 새로운 전기를 마련했습니다. 그리고 가장 소외되었던 민락동이 보다 가까워지고 민락 2지구가 개발되면서 큰 관심을 받게 되었습니다. 이는 의정부 전체 지역에까지 영향을 미치게 되었죠. 민락동(民樂洞)이라는 이름처럼 의정부 시민들을 즐겁게 하는 지역으로 거듭났습니다.

단순히 아파트 단지만 생기는 것이 아니라 업무 시설과 대형 상업 시설들도 속속 입주합니다. 2015년 개점한 코스트코는 선풍적인 인기를 끌고 있죠. 2013년에 개점한 이마트도 많은 사람이 찾고 있습니다.

의정부시를 가로로 삼등분했을 때, 서쪽에 가장 많은 사람이 살고 있고, 중앙은 쾌적한 주거 지역이 형성되어 있습니다. 그에 반해 동쪽은 비중이 약했던 것이 사실이지요. 하지만 민락동이 개발되면서 균형을 맞추게 되었습니다.

민락지구는 이제 전혀 다른 차원의 시장이 될 가능성이 큽니다. 신시가로서, 의정부에서 가장 젊은 막내로서 매력을 팡팡 터뜨리는 민락동의 향후 행보를 즐거운 마음으로 지켜봅시다.

그리고 현재 의정부시 동별 평균 시세가 가장 높은 지역은 낙양동입니다. 왜 뜬금없이 낙양동이냐고요? 민락 2지구를 이제는 낙양동이라고 부른답니다.

# 작지만 강한 도시
# 의정부

의정부시는 경기도 북부의 중심입니다. 면적은 크지 않지만 모든 면에서 경기도 북부 지역의 중심 역할을 하고 있음에 틀림없습니다. 의정부 인구 수는 46만 명으로, 남양주 면적의 4분의 1임에도 인구수는 3분의 2에 달하고(남양주는 71만 명), 포천 면적의 10분의 1이지만 인구수는 3배가 넘습니다(포천은 15만여 명). 작은 면적에 사람이 많이 산다는 것은 그곳이 도심임을 의미합니다.

도심은 생활이 편리하고, 여러 가지 시설이 있으며, 부동산 가치가 높고 수요도 지속적으로 발생합니다. 의정부를 동별로 쪼개서 살펴본 탓에 각기 다르게 다가오겠지만, 동네끼리 서로 시너지를 주고받는 관계에 있기 때문에 의정부시 전체를 놓고 구상하는 것이 보다 좋습니다. 의정부라는 공동체로 똘똘 뭉쳐 있다고 생각하면 되니까요.

그래서 의정부는 강합니다. 실수요가 탄탄하게 받쳐주는 곳입니다. 다만 인구를 더 유인하기 위해서는 추가적인 개발이 필요했고, 지난 5년간

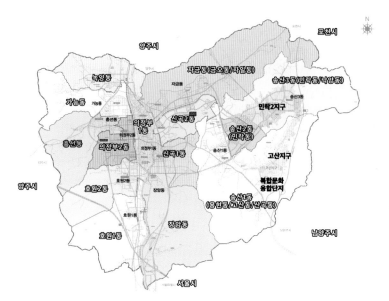

의정부시 지도와 민락 2지구, 고산지구 위치 © 의정부시청

민락 2지구 개발을 통해 이 계획을 실현했습니다. 이제 의정부 고산 공공
주택지구 개발로 그 추세를 이어갑니다.

고산지구는 LH(한국토지주택공사)가 경기도 의정부시 고산동 및 산곡동
일원에 시행하는 공공주택지구입니다. 130만㎡의 면적에 수용 가능 인
구는 9,708세대, 2만 5,667명입니다. 2022년까지 고산지구 인근에 조성
되는 복합문화융합단지에는 신세계 프리미엄 아울렛, YG K-pop 클러
스터, 뽀로로 테마파크를 비롯하여 워터파크 등이 들어서 의정부시의 관
광지구로 성장할 것을 기대하고 있습니다. LH에서 사업 계획지로 선정할
당시에는 민락 3지구로 명명했었는데, 이제는 고산 공공주택지구로 명칭
이 굳어졌습니다.

의정부시는 이 지역의 교통 수요를 고려해서 고산역을 신설할 계획을

추진하고 있습니다. 기존 의정부 경전철의 양끝은 회룡역과 탑석역입니다. 고산역은 탑석역 다음 구간에 생길 예정입니다. 고산역으로 부르지만, 실제 용도는 임시 승강장이라고 하네요. 정식으로 역사를 건립하려면 국가철도망 계획에 포함되고 국토교통부 승인도 받아야 하는 등 절차가 길고 복잡하기 때문입니다. 아무튼 의정부시가 끊임없이 발전하고 있음을 이 고산지구가 확실하게 보여주고 있습니다.

## 이제 완전한 도심이 됩니다!

이 글의 서두에 '의정부' 하면 가장 먼저 부대찌개가 떠오른다고 시작했죠. 미군 부대와 관련된, 그리 선호할 만한 이미지는 아니었습니다. 하지만 이제 의정부는 미래가 기대되는 지역으로 탈바꿈했습니다.

미군 부대가 있던 곳은 대부분 전략적 요충지입니다. 한국적인 풍수지리를 따지지 않고 외국인이 객관적으로 평가하기에도 좋은 입지라는 의미입니다. 의정부는 특히 산이 좋습니다. 국립 공원인 원도봉산 외에 수락산, 부용산, 사패산 등이 있고, 중랑천, 부용천 등이 흐르는 자연환경을 갖추고 있습니다. 그러면서도 과거부터 교통의 중심지이자 행정의 중심지 역할을 해왔습니다.

의정부의 아킬레스건이었던 미군 부대가 거의 이전했습니다. 미군 부대가 있던 부지에는 광역 행정 타운과 테마파크, 대학교와 부속 병원이 들어설 테고, 파주 헤이리마을 같은 예술인 마을도 조성할 예정입니다.

고산지구의 공공주택지구와 복합문화융합단지는 이미 언급했으니 더 거론하지 않겠습니다. 신곡동과 용현동 사이에 있는 추동공원도 멋진 주거단지로 이미 개발되었고, 녹양역세권 개발사업과 함께 인근의 을지대

녹양역세권 개발사업 조감도와 대상지 위치

학교 및 을지대 병원도 2021년에 문을 열 예정입니다. 의정부역에 고속
철도와 GTX 노선 공사도 곧 착공할 예정입니다. 의정부역에서 KTX가
출발할 경우 서울역을 이용하지 않고도 의정부에서 부산까지 불과 2시간
20분 만에 도달하게 됩니다. 양주-삼성 선로를 GTX와 KTX가 함께 달리
게 되는 겁니다.

미군 부대가 이전하면서 생기는 호재는 서울 용산구만 누리는 것이
아닙니다. 오히려 의정부가 더욱 신속하게 움직이면서 멋진 성과들을 보
여주고 있습니다.

## ═점점 확대되는 도시의 주변 지역을 살펴보세요

### 대규모 택지개발이 되는 지역의 안쪽을 주목합시다!

민락동이 대규모로 개발되면서 의정부의 변두리였던 신곡동과 용현동이 중심지로 부상하는 효과를 누리게 되었다는 말씀을 드렸습니다. 민락지구 개발은 민락동(송산 2동)과 낙양동(송산 3동)만의 경사가 아니라 주변 지역에게도 고마운 일인 것이죠. 마찬가지로 양주 신도시가 개발 중입니다. 2기 신도시 중에는 가장 늦게 개발되었지만, 분양에 성공하면서 성공 가능성이 커지고 있죠.

양주는 의정부의 위상을 한 단계 더 올려줄 것입니다. 서울에서 보면 의정부는 도심 지역의 끝이었는데, 양주 신도시가 생김으로써 중간 지점으로 격상되어 완전한 도심으로 정착하게 되니까요. 양주 신도시의 성과가 크면 클수록 의정부의 위상도 그만큼 올라가게 된답니다.

양주 신도시 개발 대상지 위치

## 광역 도로망이 확대되는 곳을 주목하세요!

의정부시가 비약적인 시세 상승을 보인 시기는 2006년 전후였습니다. 수도권제1순환고속도로가 개통함과 동시에 대부분의 단지가 2배 가까이

의정부시와 맞닿아 있는 양주 신도시 옥정지구 조감도

의정부시 재개발 구역 (재건축 단지는 없음)

| 시군구 | 읍면동 | 구역 | 단계 | 예정<br>세대수 | 대지면적<br>(m²) | 건설회사 |
|---|---|---|---|---|---|---|
| 의정부시 | 호원동 | 호원 2구역 | 기본계획 | – | 28,987 | |
| 의정부시 | 호원동 | 호원 3구역 | 기본계획 | – | 35,555 | |
| 의정부시 | 가능동 | 금의 2구역 | 구역지정 | 2,601 | 206,307 | |
| 의정부시 | 의정부동 | 중앙생활권 1구역 | 추진위 | – | 83,209 | |
| 의정부시 | 신곡동 | 장암 5구역 | 조합설립인가 | 1,070 | 47,833 | |
| 의정부시 | 신곡동 | 장암생활권 3구역 | 사업시행인가 | 902 | 34,495 | 고려개발㈜ |
| 의정부시 | 금오동 | 금오 1구역 | 관리처분 | 832 | 32,509 | 아이에스동서㈜ |
| 의정부시 | 신곡동 | 장암 1구역 | 관리처분 | 769 | 37,022 | ㈜대우건설 |
| 의정부시 | 가능동 | 가능생활권 2구역 | 이주/철거 | 408 | 22,840 | ㈜포스코건설 |

올랐습니다. 현재 수도권제2순환고속도로가 건설 중이죠. 이 고속도로는 2기 신도시들을 연결하는 도로망입니다. 양주 신도시 활성화에 가장 큰 역할을 하게 될 교통망이죠. 양주 신도시의 발전은 의정부에도 큰 호재가 됩니다. 때문에 광역 도로망이 확대되는 것을 주목할 필요가 있습니다.

### 주택 청약도 투자 상품이 될 수 있습니다!

2015년에 분양한 의정부 신규 아파트 단지들 중에 가장 성공적인 분양을 보인 곳은 민락 2지구였습니다. 양주 신도시에서 분양한 몇 개 단지들도 모두 분양에 성공했죠. 최근 의정부역세권에 분양된 거의 모든 단지들도 분양에 성공했습니다. 광교 신도시와 강남권의 신규 단지들처럼 엄청난 프리미엄이 붙지는 않았지만, 몇백만 원에서 몇천만 원의 프리미엄이 형성되었습니다. 실거주지로도 괜찮은 단지들은 프리미엄을 얹어줄 정도로 가치가 있다는 의미죠.

청약 통장이 있는 분들은 괜찮은 분양 현장에 청약하는 것이 가장 좋

은 투자입니다. 그러다 덜컥 당첨되면 어떻게 하냐고요? 전매 제한 시기
가 종료된 뒤 매도하면 됩니다. 취득세를 낼 필요가 없고, 시세 차익이 발
생하면 그에 대한 양도소득세만 내면 되니까요. 손쉽게 할 수 있는 부동
산 투자 방법입니다.

단, 입지와 가격을 제대로 분석해야 합니다. 좋은 입지의 기준은 실거
주 수요가 많을 곳입니다. 그런 곳에 대해서는 반드시 청약 공부를 해야
합니다. 투자 목적이든 실거주 목적이든 말이죠.

# 명분이냐, 실리냐?

의정부시 민락동에는 조선시대의 학자이자 정치가였던 신숙주의 무덤이 있습니다. 신숙주는 세종 시절에 발탁되어 문종, 단종, 세조, 예종, 성종까지 무려 6명의 왕을 보필했습니다. 항상 성삼문과 비교되고는 하지요. 단종 복위를 꾀하던 사육신 중 한 사람인 성삼문은 후대에 숭상을 받는 반면, 신숙주는 지금도 지탄의 대상이 됩니다. 하지만 저는 조금 다른 시각에서 이 두 사람을 바라보고자 합니다.

신숙주 묘 ⓒ 문화재청

성상문은 정치인이기 이전에 학자였고, 신숙주는 학자이기 이전에 정치인으로 보는 것이 옳습니다. 학자는 학문의 가르침대로 신념을 세우고 그에 따라 공부하고 가르치는 위치에 있습니다. 당연히 세조를 받아들일 수 없었던 것이죠. 반면 신숙주는 현실 정치의 달인이었습니다. 되도록 적을 만들지 않으려 했습니다. 중국, 일본과 교류하는 일에도 공을 들였습니다.

신숙주 초상

누가 옳고 그르냐를 명확하게 따지기 힘든 문제라고 봅니다. 만약 모든 정치인이 성삼문과 같은 입장을 취했다면, 조선 전기의 정치가 정착하는 데 어려움을 겪었을 것이라고 생각합니다. 정도전에 의해 만들어진 조선의 국가 체제가 신숙주에 이르러 완성되었다는 견해를 피력하는 분들도 많습니다. 국제 관계를 개선하는 데 공을 세우고 합리적인 정치 제도를 마련하여 국가 체제를 정비했으니, 군신 간의 의리와 도덕의 문제를 떠나 국가 입장에서 평가하자면 신숙주에게 좋은 점수를 줄 수 있지 않을까요?

의정부시는 지난 60년간 미군과의 교류, 나아가 한미 간의 우호를 다지는 데 절대적인 역할을 한 지역입니다. 경기 북부 행정 중심지로서의 역할도 중요했죠. 어쩌면 신숙주의 기운이 의정부가 지금까지 맡아온 역할을 도와주었던 것은 아닌지 생각해보게 됩니다.

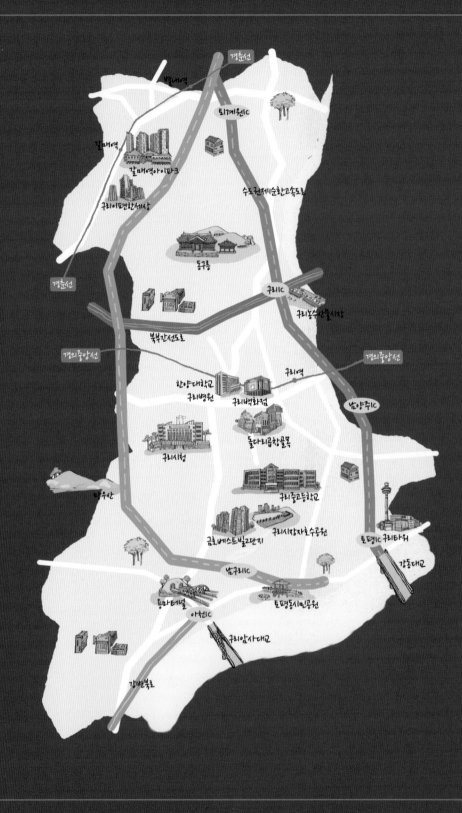

# Chapter 10

# 동구릉의 명당 도시, 구리시 이야기

# 서울이라고 해도 무방한 도시

구리시는 꽤 오랜 기간 대한민국의 부동산 이슈에서 동떨어진 지역이었습니다. 태생이 같은 남양주시가 별내·다산 신도시 등의 이슈로 연일 뉴스의 중심에 오르내리는 동안에도 구리시는 별다른 움직임을 보이지 않았고 주목받지도 못했습니다. 특별한 공급이 있었던 것도 아니고 시세에도 변동이 거의 없었습니다. 심지어 금융 위기의 폭락장 때도 딱히 영향을 받지 않았습니다. 오른 일이 없으니 내려갈 일조차 없었던 것이지요.

그러던 중 2015년을 전후해서 드디어 구리시도 부동산 시장의 한 자리를 차지하는 계기가 마련되었습니다. 갈매 보금자리지구입니다. 지금도 특별한 변화를 보이지 않는 구리시의 다른 동네들과는 달리 갈매동은 보금자리 주택 입주로 연일 상한가를 기록하고 있습니다.

갈매동은 지리적으로 서울시 노원구 공릉동, 중랑구 신내동과 인접해 있습니다. 구리의 중심 입지와 떨어져 있어서 구리의 일부라기보다는 서울의 확장된 지역으로 보는 것이 타당할 수 있습니다. 북쪽의 별내 신도시와 맞붙어 있기 때문에 남양주시라고 해도 무방하고요. 물론 인접한 서

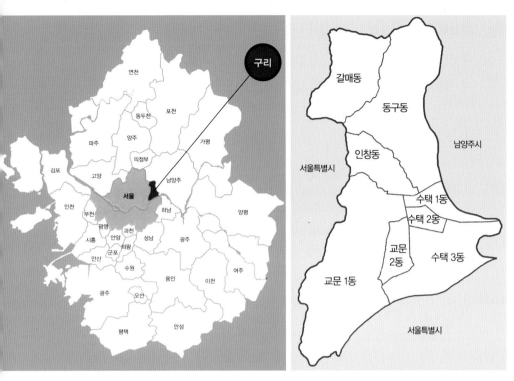

구리시 지도와 경기도에서의 구리시 위치. 구리시는 남양주에서 서울 안쪽으로 파고드는 위치에 있다.

울의 지역과 별내 신도시처럼 번화한 것은 아니지만, 서울이나 남양주 생활권에 속한다고 보는 것이 갈매동을 이해하는 데 도움이 됩니다.

실제 시세도 구리시보다 인근 서울 지역이나 남양주 시세와 유사한 움직임을 보입니다. 현 시점에서 구리시에서 가장 높은 시세를 형성하고 있으니까요. 논밭이 대부분이었던 곳에 보금자리 주택들이 채워지고 나자 구리시의 새로운 강자로 등극한 것이죠. 물론 5년 뒤에 기존 구리시의 도심 개발이 진행되면 그때 다시 한번 비교해보아야겠지만 말이지요.

사실 구리시는 이렇게 지역을 나누어 살펴볼 정도로 면적이 넓지는 않습니다. 서울의 1개 구 정도 크기라고 보면 됩니다. 확장이 된 갈매 지구를 포함해도 여전히 인구수가 20만 명이 안 되니까요. 언제든 서울시로 편입된다 해도 전혀 지장이 없는 규모이고, 실제로 서울시에 편입되기 위해 여러 가지 노력을 기울이고 있습니다. 남양주는 남양주대로 구리시가 자기네에게 편입되기를 바라고 있습니다.

구리시의 중심 번화가인 인창동은 서울시 중랑구 망우동, 상봉동과 바로 연결이 됩니다. 남양주시의 최고 번화가인 도농동과도 같은 생활권이고요. 모두 6번 국도로 연결되어 있습니다. 구리시에서 면적이 가장 넓은 교문동은 광진구 광장동에서 강변북로로 곧장 연결됩니다. 강변북로를 타고 양수리 쪽으로 가다 보면 어디까지가 광진구이고 어디부터가 구리시인지 구분하기 어려울 거예요. 2014년 11월 21일에 용마터널이 개통되어 중랑구 면목동까지 채 5분이 걸리지 않습니다. 구리암사대교를 건너면 바로 강동구 지역이지요. 수도권제1순환고속도로를 타면 북쪽으로는 남양주·의정부시에 가깝고, 남쪽으로는 서울 강동구와 하남시에 닿습니다.

이처럼 구리시의 전 지역은 서울과 연결되어 있습니다. 그냥 서울의 한 권역이라고 해도 전혀 어색하지 않습니다. 실제로 구리시에 거주하는 분들 상당수가 서울로 출퇴근합니다. 강동·송파·강남구까지 출퇴근하는 분들이 상당히 많고, 노원·중랑구 쪽으로 이동하는 분들도 많습니다. 그렇기 때문에 남양주시 권역에 포함되는 구리시 지역을 별도의 지자체로 분리했던 겁니다. 위치가 서울에 가깝거니와 도시 성격 자체가 다산 신도시 개발 전의 남양주시와는 달랐기 때문입니다.

## 작은 도시, 하지만 그 누구도 작다고 하지 않는 도시

이미 말씀드렸다시피 구리시는 면적도 작고 인구수가 적으며 세대수도 적습니다. 특히 면적은 경기도 31개 시군(市郡) 중에서 가장 작습니다.

## 경기도 42개 시군구의 면적과 인구 현황

| 시군 | 구 | 면적(㎢) | 인구(명) | 세대 | 세대당 인구(명) |
|---|---|---|---|---|---|
| 수원시 | 전체 | 121.05 | 1,192,622 | 501,215 | 2.38 |
| | 장안구 | 33.17 | 276,611 | 115,054 | 2.4 |
| | 권선구 | 42.29 | 370,955 | 153,346 | 2.42 |
| | 팔달구 | 12.86 | 175,446 | 84,864 | 2.07 |
| | 영통구 | 27.67 | 369,610 | 147,951 | 2.5 |
| 고양시 | 전체 | 268.04 | 1,074,853 | 438,900 | 2.45 |
| | 덕양구 | 165.44 | 472,467 | 198,608 | 2.38 |
| | 일산동구 | 59.1 | 299,276 | 124,136 | 2.41 |
| | 일산서구 | 42.56 | 303,110 | 116,156 | 2.61 |
| 용인시 | 전체 | 591.37 | 1,068,519 | 412,683 | 2.59 |
| | 처인구 | 467.55 | 254,483 | 108,642 | 2.34 |
| | 기흥구 | 81.67 | 439,725 | 167,214 | 2.63 |
| | 수지구 | 42.1 | 374,311 | 136,827 | 2.74 |
| 성남시 | 전체 | 141.68 | 941,527 | 402,179 | 2.34 |
| | 수정구 | 45.99 | 234,653 | 111,121 | 2.11 |
| | 중원구 | 26.39 | 219,155 | 100,259 | 2.19 |
| | 분당구 | 69.36 | 487,719 | 190,799 | 2.56 |
| 화성시 | | 689.58 | 831,888 | 335,727 | 2.48 |
| 부천시 | | 53.44 | 826,845 | 341,258 | 2.42 |
| 남양주시 | | 458.05 | 706,069 | 279,137 | 2.53 |
| 안산시 | 전체 | 149.4 | 653,575 | 280,318 | 2.33 |
| | 상록구 | 57.99 | 348,512 | 149,251 | 2.34 |
| | 단원구 | 91.51 | 305,063 | 131,067 | 2.33 |
| 안양시 | 전체 | 58.46 | 561,069 | 221,427 | 2.53 |
| | 만안구 | 36.6 | 241,999 | 100,720 | 2.4 |
| | 동안구 | 21.92 | 319,070 | 120,707 | 2.64 |
| 평택시 | | 457.47 | 520,649 | 231,092 | 2.25 |
| 시흥시 | | 135.06 | 478,464 | 197,801 | 2.42 |
| 파주시 | | 672.66 | 455,262 | 192,716 | 2.36 |
| 의정부시 | | 81.54 | 454,222 | 193,333 | 2.35 |
| 김포시 | | 276.64 | 445,425 | 178,668 | 2.49 |
| 광주시 | | 430.99 | 375,561 | 158,741 | 2.37 |
| 광명시 | | 38.5 | 315,745 | 126,216 | 2.5 |
| 하남시 | | 93.04 | 279,621 | 119,929 | 2.33 |
| 군포시 | | 36.46 | 275,954 | 110,974 | 2.49 |
| 오산시 | | 42.77 | 227,550 | 96,525 | 2.36 |
| 양주시 | | 310.32 | 224,524 | 94,279 | 2.38 |
| 이천시 | | 461.31 | 216,844 | 94,112 | 2.3 |
| 구리시 | | 33.31 | 199,018 | 80,585 | 2.47 |
| 안성시 | | 553.44 | 184,211 | 82,794 | 2.22 |
| 의왕시 | | 53.97 | 164,701 | 63,690 | 2.59 |
| 포천시 | | 826.44 | 148,144 | 70,356 | 2.11 |
| 양평군 | | 877.81 | 117,301 | 56,282 | 2.08 |
| 여주시 | | 608.37 | 111,198 | 50,685 | 2.19 |
| 동두천시 | | 95.66 | 94,191 | 43,024 | 2.19 |
| 가평군 | | 843.56 | 62,397 | 30,951 | 2.02 |
| 과천시 | | 35.85 | 59,687 | 21,957 | 2.72 |
| 연천군 | | 675.83 | 43,618 | 21,709 | 2.01 |
| 경기도 | | 10,172.07 | 13,311,254 | 5,529,263 | 2.41 |

인구 6만 명인 과천시보다도 작죠. 인구·세대수는 약 20위권이지만 외형만 놓고 순위를 정한다면 당연히 하위권일 수밖에 없습니다. 하지만 그 누구도 구리시를 하위권 도시로 여기지 않습니다. 도농이 복합된 다른 중소 도시들과는 달리 전체가 도심이라는 이미지가 강하기 때문입니다.

경기도의 도시 대부분은 농촌을 기반으로 한 군이나 읍·면 단위로 시작했습니다. 농촌 지역 일부에 일거리가 생겨 인구가 증가하거나, 산업단지가 들어서거나, 이웃하고 있는 대도시에 '묻지 마' 편입이 되면서 성장하는 것이 일반적입니다. 하지만 구리시는 태생 자체가 달랐습니다. 양주나 남양주에 편입되어 있던 시절에도 훨씬 먼저 도시화가 진행되었고, 그래서 양주나 남양주에 속하기에는 너무 커버렸습니다. 이것이 구리가 별도의 도시로 분리된 이유입니다. 단칸방에 온 가족이 함께 살다가 자식이 성인이 되어 분가를 시킨 것과 같은 이치입니다.

1986년 구리시로 재탄생할 때부터 이미 남양주의 위상을 넘은 상태였습니다. 이 차이는 상당히 컸습니다. 별내 신도시와 다산 신도시가 개발되고 GTX 등의 호재로 인해 최근 몇 년 사이 남양주가 전성기를 누렸음에도 불구하고 아직 남양주보다는 구리의 위상이 몇 단계 높습니다.


## 도시 기반 시설을 모두 갖춘 도시

자동차로 20분이면 구리시 구석구석 어디든지 갈 수 있습니다. 구리시 5개 동 모두가 생활편의 시설을 이용하기에 편리합니다. 딱히 살기 불편한 곳이 없습니다. 아차산과 한강 등의 천연 자연환경으로 인해 공기가 좋고 서울 접근성도 매우 뛰어나며 교육 환경도 좋은 그야말로 알짜배기 도시입니다. 볼수록 매력이 넘치는 곳이지요.

남양주시 입장에서 보면 1986년 구리시를 분리해준 것이 내내 아까

울지도 모릅니다. 그래서 호시탐탐 두 도시의 통합을 주장하고 있습니다. 이러한 주장에 남양주 시민 대부분이 찬성하지만, 구리시 입장은 다릅니다. 구리시만이 누리고 있는 좋은 조건들을 나누어주기 싫은 것이죠. 남양주시의 통합 계획은 번번이 무산되었지만 앞으로도 계속 같은 목소리가 나올 것입니다. 그만큼 구리시는 누구나 갖고 싶은 도시인 것이죠. 이제 구리시에 속한 동네 이야기를 통해 그 매력을 확인하도록 하겠습니다.

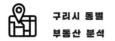
# 태생적으로
# 도심일 수밖에 없는 구리시

<table>
<tr><td>동네<br>이야기<br>1</td><td>구리시에서 가장 살기 좋은 토평동</td></tr>
</table>

구리시에서 가장 살기 좋은 곳이 어디냐고 질문하면 대체로 대답이 두 군데로 나뉩니다. 토평동과 인창동이죠. 두 동의 특색은 분명합니다. 인창동은 상권 중심, 토평동은 주거 중심의 동네이거든요. 시세를 통해 나름 객관적인 순위를 정해보자면, 주거지로서 가장 인기 있는 지역은 토평동입니다.

　구리시에서 가장 조용한 동네인 토평동은 거주 환경이 아주 좋습니다. 아파트도 깔끔하고, 토평초등학교, 토평중학교, 토평고등학교로 이어지는 학교 분위기도 참 좋습니다. 구리여자중·고등학교도 구리시의 자랑이지요. 또 구리한강시민공원에도 가깝기 때문에 한강을 제대로 이용할 수 있습니다. 여러 번 말씀드렸죠? 한강을 끼고 있다는 이유만으로도 프리미엄이 붙는다는 점을요. 이렇게 주거 환경이 좋기 때문에 시세가 구리시

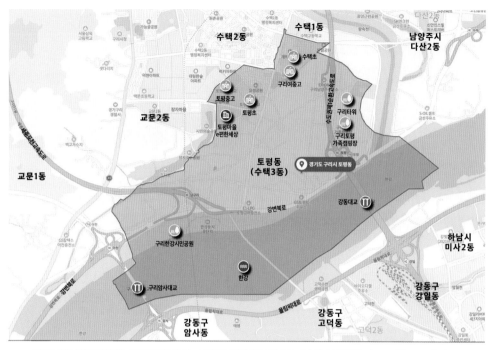

토평동 지도. 원래 토평동은 수택동의 일부였다. 수택동이 1동과 2동, 3동으로 나뉜 뒤 수택 3동을 따로 토평동으로 부른다.

에서는 늘 상위권이었습니다.

개인적으로 토평동이 가장 좋은 이유는 서울 중심지로의 접근성이 가장 좋기 때문입니다. 강변북로, 강동대교, 구리암사대교에 진입하는 지역이고, 수도권제1순환고속도로를 이용할 수 있습니다. 구리시에서는 가장 좋은 교통망을 갖추고 있는 것이죠. 서울 광진구와 강동구에 쉽고 빠르게 접근할 수 있다는 사실 하나만으로도 충분합니다. 이처럼 구리는 남양주와는 달리 계속 서울을 지향하고 있습니다.

토평동 구리한강시민공원은 꽃 축제로 유명합니다. 구리시민이 아닌 외부 사람들까지 굉장히 많이 끌어들이는 행사로, 봄에는 유채꽃 축제, 가을에는 코스모스 축제가 열립니다. 이외에도 토평공원, 개맥이공원 등 크고 작은 공원들이 곳곳에 있습니다.

구리한강시민공원의 유채꽃 축제(좌)와 구리타워(우)

토평동에는 구리타워도 있습니다. 자원 회수 시설(폐기물을 소각하는 시설)을 활용하여 공원화한 곳으로 구리시를 상징하는 명소가 되었습니다. 혐오 시설을 선호 시설로 바꾼 좋은 실례이기 때문에 많은 지자체에서 벤치마킹하고 있습니다. 살기 좋고 즐길 거리도 많으니 토평동은 선호 지역이 될 수밖에 없는 것이죠.

<br>

동네
이야기
2

## 구리시의 행정 중심 도시, 교문동

교문동은 서울 강북 권역에서 진입하면 만나는 동네입니다. 구리시의 첫인상이라고 할 수 있죠. 망우리 공동묘지(망우리공원)를 지나 6번 국도를 통해 동쪽으로 가면 교문사거리가 나오는데, 그곳부터가 바로 구리시의 시작인 교문동입니다. 교문사거리는 이 6번 국도와 남양주로 향하는 43번 국도가 교차하는 교문동의 번화가입니다.

구리시의 관공서 대부분이 교문동에 모여 있습니다. 먼저 구리시청이 있고, 구리세무서, 구리소방서, 구리경찰서, 구리 시립 교문도서관 등이 있습니다. 구리시의 대형 병원 중 하나인 한양대학교 구리병원도 있고, 구리시체육관도 있습니다. 아차산이라는 풍수적 명산이 남서쪽에 있어서

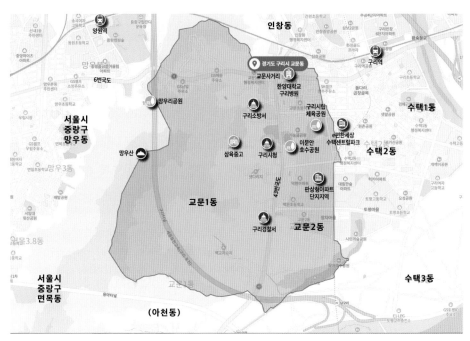

교문동 지도. 교문 1동과 2동 그리고 아천동을 포함한다. 아천동 지역은 남쪽으로 광진구 광장동과 맞닿아 있다.

주거지로도 매우 쾌적합니다. 그래서 2000년대까지는 구리시에서 시세가 압도적으로 높았습니다. 지금도 여전히 높지만, 다른 동네가 크게 오르면서 지금은 상향평준화되었다고 할 수 있습니다.

교문동은 2개 동으로 나뉩니다. 대부분의 행정기관과 단독 주택들이 모여 있는 교문 1동과 아파트 단지가 밀집해 있는 교문 2동입니다. 특히 교문 2동에 있는 아파트 단지들은 독특한 특징이 있습니다. 20여 개의 아파트 단지 대부분이 이상하다 싶을 정도로 정남향의 판상형(板狀形, 각 동이 일렬로 반듯하게 서 있는 형태의 단지) 구조를 고집하고 있습니다. 마치 교과서에 나오는 규칙을 따른 듯 같은 방향으로 잘 배열되어 있어서 주거 지역으로 인기가 높습니다.

교문동에는 종교 관련 부동산이 꽤 있습니다. 구리시청 앞 이문안호수공원은 생태 저수지로 활용도가 높은데요, 이 저수지의 절반 정도는 통일교 소유입니다. 지자체 소유가 아니다 보니 통합적인 관리에 어려움을 겪었다고 합니다. 하지만 통일교로부터 부지를 매입한 구리시는 도심 속 시민공원으로 조성했습니다. 이 일대 1만 9,926㎡를 동식물 서식처 등으로 복원한 거죠. 또 시민들이 쾌적한 녹지 공간을 즐길 수 있도록 숲과 바닥 분수, 전망 데크, 헬스 시설 등 각종 편의 시설을 설치했습니다. 봄부터 가을까지는 호수 가운데에서 분수가 뿜어져 나옵니다.

이 부지 외에도 구리시에는 통일교 소유의 부동산이 상당히 많았습니다. 맥콜로 유명한 일화 공장과 본사가 수택동에 있었는데, 현재는 재개발되어 e편한세상수택센트럴파크 단지가 들어서 있습니다. 참고로 구리시청 서쪽의 서울 삼육중학교, 삼육고등학교는 제칠일안식일예수재림교 재단의 학교입니다.

구리시의 행정 중심지인 교문동은 과거와 현재의 모습을 모두 갖고 있습니다. 구리시를 이해하기 위해선 교문동을 집중적으로 살펴보면 됩니다. 구리시를 이해하는 바로미터 지역이니까요.

반듯하게 정남향으로 배치된 교문동 아파트 단지

이문안호수공원 건너편으로 보이는 구리시청(좌)과 이문안호수공원 겨울 풍경(우)

동네
이야기
3

# 구리시의 대치동, 수택동

수택동은 구리시에서 학군이 가장 좋은 곳입니다. 구리고등학교, 구리중학교 그리고 부암초등학교 북쪽으로 최대 학원가가 형성된 '구리의 대치동'이라 할 수 있습니다.

　구리시 부동산 가격은 전반적으로 상향평준화되어 있다고 말씀드렸습니다. 하지만 수택동은 조금 다릅니다. 비싼 곳과 저렴한 곳이 공존합니다. 구리시에서 가장 비싼 아파트도 있고, 가장 낙후된 지역도 있죠. 비록 지금은 사업 진행이 주춤한 상태이지만, 구리시의 유일한 뉴타운이 수택동에 있는 것은 이러한 격차를 해소하려는 노력의 일환이었습니다.

　낙후한 지역에는 시장이 발달해 있습니다. 전통 시장이 있는데, 재래시장이라기보다는 골목 상권입니다. 특히 이 상권은 곱창골목으로 매우 유명한데요, 인창동이 롯데백화점을 중심으로 상권이 형성되어 있다면 수택동은 돌다리사거리를 중심으로 구리시 최대 규모의 상권이 있습니다. 이 상권 부근이 뉴타운 지역입니다. 재개발이 어려움을 겪는 대부분의 이유는 상가 때문입니다. 주거용은 신규 개발을 할 경우 무조건 이득을 보지만, 상가는 다르거든요. 괜히 임대료만 올라가고 또 재개발이 진

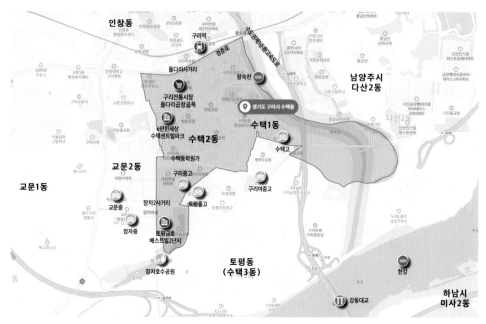

수택동 지도. 1동과 2동 외에 지금은 토평동이라고 불리는 수택 3동 일부를 포함한다.

행되는 동안 상권이 이동할 수도 있기 때문에 상인으로서는 남는 장사가 아닌 셈이죠. 그래서 상가가 많은 곳은 재개발이 어렵습니다. 제 생각으로는 지금도 충분히 매력적이기 때문에 재래 상권의 모습을 유지하면서 개발하면 어떨까 싶습니다. 참고로 돌다리사거리에는 돌다리가 없습니다. 복개 공사를 통해 도로 밑으로 들어갔기 때문이죠.

수택동은 주거 지역으로도 관심을 가져볼 필요가 있습니다. 구심에 신규 주택이 공급될 가능성이 크며, 아파트 단지가 많지 않아서 수요가 매우 높습니다. 수택동에는 한때 구리시에서 가장 비싼 아파트였던 토평금호베스트빌 2단지가 있습니다. 구리시 가장 남쪽에 있어서 멀리 한강 조망이 가능하고 단지 바로 앞에 장자호수공원이 있어서 시야가 탁 트인 환경의 누구나 탐내는 단지입니다. 물론 최근에는 신규 아파트의 인기가 높아지면서 수택동에서는 2020년 1월 입주한 e편한세상수택센트럴파크가

돌다리사거리. 이 근처에 수택동의 상권이 분포해 있다.

최고가 아파트입니다.

구리중·고등학교 인근 장자2사거리에 8호선 연장선이 2023년 개통할 예정입니다. 역명은 토평역입니다. 정확히 교문동과 수택동 사이에 위치합니다. 이 두 지역의 서울 접근성이 획기적으로 좋아지는 것이죠.

수택동은 구리시에서 가장 큰 변화를 맞을 구심 지역입니다. 갈매동은 신규 택지지구이기 때문에 주목하지만, 수택동은 도심 재생이라는 관점에서 주목해야 할 입지입니다. 상권이 어떻게 달라질지, 신규 주거 시설로 어떤 단지들이 들어설지 예상해보는 것만으로도 재미있는 상상을 많이 할 수 있는 곳이랍니다.

장자호수공원(좌)과 e편한세상수택센트럴파크(우)

# 구리시의 중심 상권, 인창동

구리시의 최초 중심 상권은 돌다리사거리 주변이었습니다. 현재는 인창동 롯데백화점이 중심 상권이지요. 이 부근은 상권의 중심지이면서 교통의 중심지이기도 합니다. 경의중앙선 구리역이 함께 있기 때문이죠. 교통과 상권 중심이니 땅값만으로는 아마도 가장 비싼 지역이 아닐까 합니다. 경의중앙선 구리역 외에 구리의 모든 버스 노선이 인창동을 지납니다. 롯데백화점뿐만 아니라 롯데마트, 구리농수산물도매시장 등 대형 상업 시설이 집중되어 있습니다.

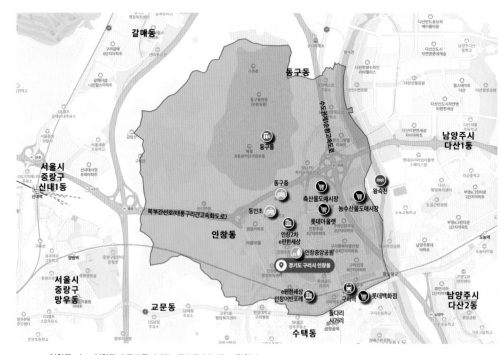

인창동 지도. 인창동과 동구릉이 있는 동구동 일부를 포함한다.

구리 롯데백화점(위)과 구리역(아래). 구리시에서 가장 핫한 상권이다.

인창중앙공원을 중심으로 구리에서 가장 많은 아파트 단지가 포진해 있습니다. 신기하게도 상권과 교통이 좋은 입지임에도 아파트 시세는 중간 정도에 머물러 있습니다. 그 원인은 이 지역의 특징을 알아야 이해할 수 있습니다. 아파트 가격을 올리는 요소 중 교육 환경이 차지하는 비중이 큰데, 인창중앙공원 주변에는 초등학교가 많은 반면 중학교와 고등학교는 거의 없습니다. 게다가 학원가는 수택동에 몰려 있습니다. 때문에 이곳에서는 조금 벗어나 있지만 동인초등학교와 동구중학교를 끼고 있는 인창2차e편한세상의 시세가 인창동에서는 가장 높았습니다. 이 사례를 통해 아파트가 어떤 조건을 갖추어야 하는지 알 수 있지요. 물론 2020년 8월 e편한세상인창어반포레가 입주한 뒤에는 최고를 양보했지만 말이죠.

학자녀가 없는 세대라면 구리시에서 가장 편리하게 살 수 있는 동네

별내선 노선도

입니다. 특히 전철역을 끼고 있다는 점은 다른 동네에서는 가질 수 없는 장점이지요.

한편 인창동은 크게 두 지역으로 나눌 수 있습니다. 북부간선도로(태릉 구리간고속화도로)를 기준으로 남쪽으로는 지금까지 설명해드린 상권·교통·주거의 중심지가 있고, 북쪽으로는 세계 문화유산 동구릉이 있습니다.

인창동은 정말 모든 것을 갖춘 지역입니다. 내공이 만만치 않죠. 이런 곳은 계속 관심을 가질 필요가 있습니다. 기반 시설이 갖추어진 구심은 사람들이 쉽게 떠나지 못하기 때문입니다.

2023년 별내선(8호선 연장선)이 인창동에 2개 역을 선물합니다. 경의중앙선과 더블 역세권이 될 구리역과 롯데마트, 롯데아울렛이 있는 구리도매시장역이 그것이죠. 아마도 인창동에는 더욱 많은 사람이 오게 될 것입니다.

---

동네
이야기
5

## 구리시의 신흥 강자로 부각된 갈매동

2019년 7월에 펴낸 제 책 《수도권 알짜 부동산 답사기》〈광명시〉편에 일직동에 대한 이야기가 있습니다. KTX 역사 말고는 아무것도 없던 곳이 천지개벽 수준으로 발전했다고요. '코스트코도 들어오고, 이케아, 롯데아

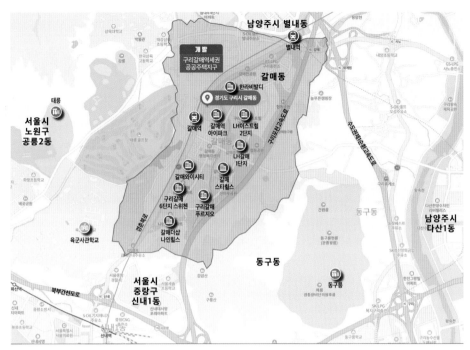

갈매동 지도. 갈매동은 구리시보다는 서울에 더 가깝다.

울렛 등 각종 상업 시설뿐만 아니라 주거 시설도 들어오게 되면 입지 가치가 달라질 것이다. 아울러 도로망과 전철망도 좋아질 것이다. 그런 미래 가치를 상상하라'고 설명했습니다.

구리시 갈매동도 마찬가지입니다. 얼마 전까지만 해도 경춘선 갈매역밖에 없었지만, 지금 갈매동은 완전히 다른 입지가 되었습니다. 현재 가치도 꽤 높지만, 미래 가치가 점점 더 높아지고 있습니다.

갈매동은 동구릉을 사이에 두고 구리시의 다른 지역들과 단절되어 있습니다. 오히려 남양주 별내 신도시와 가깝고, 노원구 공릉동의 육군사관학교와 인접해 있으며, 중랑구 신내동과도 맞닿아 있습니다. 구리시라기보다는 서울 중랑구나 노원구라고 보는 것이 더 어울리는 위치이지요. 바로 이것이 갈매동을 구리시의 신흥 강자로 만든 힘입니다. 구리시 자체가

경춘선 갈매역

갈매지구 개발 조감도

서울시 편입을 목표로 하는 도시인 만큼 그 희망 사항을 정확하게 실행하고 있는 지역이니까요.

경춘선 갈매역에서 7호선 상봉역까지는 15분이 걸립니다. 7호선은 서울 강남으로 갈 수 있는 전철 노선이죠. 강북은 물론 강남까지 전철로 갈 수 있는 입지라면 더 설명할 필요가 없습니다. 서울 출퇴근이 가능한 지역이기 때문에 서울시 주민들의 관심이 더욱 높아질 것입니다. 구리 갈매지구 아파트의 분양이 성공적이었던 이유가 바로 여기에 있었던 것이죠.

구리 갈매지구는 총 143만 3,912㎡ 면적에 조성되는 대규모 택지지구로, 수용 인구는 약 2만 6,000명이고 주택 수는 1만 세대입니다. 북쪽에 위치한 별내 신도시의 3분의 1 수준이지만, 서울의 베드타운으로 꽤 매력적인 곳입니다. 서울에서 누리기 힘든 자연환경이 매우 뛰어납니다.

이 지구는 이미 대부분의 단지가 입주를 했습니다. 한라비빌디(2016년 5월), 갈매더샵나인힐스(2016년 6월), LH갈매 1단지(2016년 7월), LH이스트힐(2016년 11월), 갈매스타힐스(2017년 9월), 구리갈매푸르지오(2017년 10월), 갈매와이시티(2017년 12월), 갈매역아이파크(2018년 4월), 구리갈매 6단지 스위첸(2018년 9월) 등입니다.

갈매역아이파크

더불어 봉화산역이 종점이었던 6호선을 2019년 12월에 신내역까지 연장 개통했습니다. 신내역이 구리 갈매지구에서 멀지 않으므로 6호선 연장 개통으로 인한 혜택을 누릴 수 있을 것입니다. 그리고 현재 신내역에서 구리역까지 연장하는 안에 대해 타당성을 검토 중입니다. 만약 이 계획까지 확정되면 구리역은 8호선, 경의중앙선 더블 역세권으로 구리시 전체의 서울 접근성이 더욱 좋아지게 되는 것입니다. 다만 아직 확정은 아닙니다.

# 구리시는 서울과 경기도를
# 모두 알 수 있는 알찬 교재 같은 곳!

구리시는 1986년 처음 세상에 등장했습니다. 당시 인지도는 매우 낮았습니다. 저는 구리시가 사람들의 관심 범위 속에 들어오기 시작한 것이 1992년부터라고 기억합니다. 구리시를 온 세상에 알린 영웅이 등장했는데요, 고인이 된 대한민국 최고의 코미디언 이주일 선생입니다. 이주일 선생이 구리시 국회의원에 당선되며 연일 구리시가 언론에 오르내렸죠. 지역의 인지도는 도시화와 같은 방향으로 진행됩니다. 당연히 읍면보다는 시가 인지도가 더 높지요. 이주일 씨는 구리가 '시'라는 사실을 알린 강력한 계기가 되었습니다.

도시화된 모습만 보면 구리시는 완전히 서울의 부도심 같습니다. 이미 금천구나 도봉구 이상의 위상을 지니고 있으며, 광진구는 몰라도 중랑구나 노원구와 유사한 수준이라고 봐도 무방합니다. 게다가 아직 구리시의 절반 이상이 미개발지이기 때문에 택지개발이 가능한 지역이 꽤 남아 있습니다. 최근 부각된 갈매지구가 좋은 사례죠.

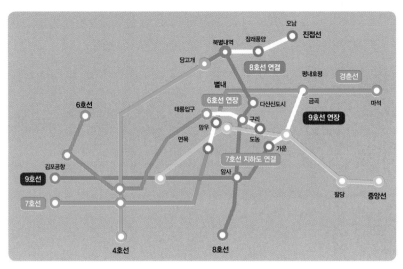

수도권 북서부권 교통망 확장 계획도

　이렇게 서울과 경기도의 성격을 동시에 지니고 있는 구리시는 그야말로 부동산의 교본 같은 지역입니다. 구리를 꾸준히 관찰하다 보면 부동산 개발과 프리미엄에 대한 이해의 폭이 넓어질 것이라고 생각합니다.

　향후 구리시를 관찰하는 포인트는 교통망의 확장입니다. 용마터널과 구리암사대교가 개통하면서 강남권과의 연계성이 강해졌습니다. 대중교통의 꽃이라 할 수 있는 전철망도 확장됩니다. 강동구 암사동이 종점이었던 8호선이 별내역까지 연장되는데, 이 노선이 개통하면 교문동, 인창동에 3개의 역이 신설됩니다. 말씀드린 대로 6호선 종점 신내역에서 인창동 경의중앙선 구리역까지 연장하는 방안도 검토되고 있습니다. 남양주시와의 연계성을 높이는 차원에서도 이 계획은 추진될 가능성이 크다고 생각합니다.

　이러한 교통망의 확장은 경기도를 '광역 서울'로 묶는 역할을 하게 됩니다. 구리시의 미래를 상상하면서 서울과 경기도가 어떻게 의견을 조율해나갈지 살펴보는 재미도 쏠쏠할 것 같습니다.

## 구남시? 남구시? 과연 남양주와의 통합은 이루어질까요?

최근 구리시와 남양주시를 통합하려는 노력이 끊이지 않습니다. 두 도시가 통합되면 그 명칭은 구남시가 될까요, 남구시가 될까요? 부동산 측면에서는 구리시의 위상이 높고 면적은 남양주시가 압도적으로 넓기 때문에 절충하는 이름이 필요할 것으로 보입니다.

구리시와 남양주시는 애초에 같은 뿌리에서 나왔습니다. 그때는 양주시였지요. 구리시 지역은 도시의 기능이 커지고 남양주는 농촌 기능을 담당했기 때문에 자연스럽게 분리되었던 것입니다. 그래서 어떤 지명을 쓰든 상관없습니다. 중요한 점은 통합이 되고 난 뒤 어떤 시너지가 생길까, 미래 가치가 어떻게 달라질까 하는 문제이지요.

제 생각에는 구리시의 수요가 더 많아질 것으로 예상됩니다. 통합된 구리-남양주시의 중심은 도시화가 진행된 구리시가 될 테니까요. 중심지가 되면 사람이 몰립니다. 사람이 몰리면 여러 가지 지역 활성화가 진행됩니다. 일거리가 많아지고 상권이 활발해지고 주거 시설에 대한 가치도 올라갈 수밖에 없지요. 두 도시가 통합되면 구리시로서는 손해 보는 것 아니냐고 생각하는 분들도 계시겠지만, 도심은 절대 손해를 보지 않습니다. 빨대 효과(대도시가 상대적으로 작은 중소 도시의 인구를 흡수하는 현상)라는 것도 있지요. 서로에게 기회를 줄 수 있다는 점에서 통합을 검토하는 것도 좋을 것 같습니다.

그러나 문제는 구리시의 속마음입니다. 구리시는 남양주가 아니라, 서울과 통합되기를 바라고 있을 테니까요. 서울이란 타이틀이 그렇게나 값진 것입니다. 서울에 산다는 것은 진짜 중심지에 산다는 의미를 가지니까요.

만약 구리시가 서울로 편입된다면 아차산을 나누어 쓰고 있는 광진구와 통합되면 좋겠습니다. 중랑구나 노원구보다 광진구와 통합하는 것이 더 이익일 것 같다는 차원을 떠나서 아차산과 관련된 여러 가지 이슈를 서로 차지하기 위해 불필요한 소모전을 벌이는 걸 막을 수 있기 때문입니다.

지금 구리시는 '고구려의 도시'라는 점을 내세우고 있습니다. 이유는 단 하나입니다. 아차산에서 발굴된 고구려 유물 때문입니다. 드라마 〈태왕사신기〉(2007)의 배경이 된 고구려 대장간 마을을 아차산에 조성할 정도로 구리시는 '고구려의 도시' 홍보에 사활을 걸었습니다. 광개토대왕 동상도 만들었습니다. 그런데 재미있는 사실은 정작 아차산과 관련하여 알려진 고구려의 인물은 온달 장군밖에 없다는 점입니다. 영양왕 때 신라가 차지하고 있던 아차산 주변 지역을 다시 빼앗기 위해 고구려의 온달 장군이 출정했지만, 결국 아차산에서 전사하고 말았죠. 이것이 고구려 인물과 아차산이 연관된 유일한 사건입니다. 따라서 구리시가 고구려 인물을 내세우려면 온달 장군으로 하는 것이 맞습니다. 광개토대왕이 집권하던 시기는 이 지역과는 무관하니까요. 광개토대왕 집권기에 이 지역은 백제 땅이었습니다.

아차산 입구의 온달 장군과 평강 공주 조형물 ⓒ Kang Byeong Kee / wikimedia commons

그런데 왜 구리시는 온달 장군을 활용하지 않고 광개토대왕을 전면에 내세웠을까요? 온달 장군을 광진구가 선점했기 때문입니다. 그래서 부득이하게 광개토대왕을 선택한 것이죠. 고구려에서 가장 유명한 왕이니까요. 저는 구리시가 아차산과 관련된 역사적 사실과 인물만으로 홍보를 했으면 좋겠습니다. 광진구와 통합되면 그렇게 할 수 있겠지요.

### 구리시에 꼭 집 한 채 갖고 싶어요!

고구려를 향한 구리시의 집착이 얼마나 강한지를 보여주는 한 가지 에피소드가 있습니다. 구리라는 명칭이 고구려에서 왔다는 주장을 내세운 것입니다. 원래 고구려라는 국호는 구려(句麗)에서 유래했는데, 바로 이 구려가 구리가 되었다는 거예요. 얼핏 들으면 고개를 끄덕일 만하죠. 하지만 구리라는 지명에 대한 정확한 기록이 있습니다. 구리라는 이름은

구리시 수택동의 왕숙천 생태습지공원

구지면과 망우리에서 한 글자씩 따서 지은 것입니다. 구지는 한강과 왕숙천의 교차 지점이 곶처럼 튀어나와 있다고 해서 생긴 말인데, 그래서 조선시대까지는 그곳을 구지면이라고 불렀습니다. 이곳은 현재 구리의 일부이고, 망우리는 현재 중랑구에 속한 지명입니다. 서울이 오늘처럼 커지기 전에는 망우리도 지금의 구리에 속해 있었죠. 일제 강점기에는 현재의 구리시 지역과 중랑구 지역을 같은 지역으로 관리했습니다. 그래서 구리라고 불렸던 겁니다. 시간이 흘러 중랑구 지역은 서울에 편입되었고, 현재의 구리 지역만 경기도에 남은 것이지요. 구리시의 지명을 구지시로 환원해도 좋을 것 같다는 생각을 해봅니다. 어감도 좋고 지명과의 연계성도 높으며 일제의 잔재라는 오명도 벗을 수 있으니까요.

구리시 이야기를 하는 동안 구리시에 대한 애착이 더욱 강해졌습니다. 개인적으로는 대한민국 최고의 명당이라고 하는 동구릉이 구리시에 애착을 갖게 된 출발점이었습니다. 이 동구릉의 정기를 그대로 이어받은 구리시를 생각할 때마다 평온한 지역이라는 이미지가 떠오릅니다. 작지만 강하고, 생활이 편리하며, 사람에게 호감을 주는 땅입니다. 서울에 가기에도 용이하니 입지로서는 딱이지요.

구리시를 바라보는 관점은 이것입니다. 남양주와 결혼할지, 서울과 한 살림을 차릴지, 아니면 양쪽의 구애를 받으면서 화려한 솔로로 남을지 말입니다. 혼자 살아도 매력이 차고 넘치는 만큼 계속 많은 사람의 관심을 받을 것이라고 봅니다. 누가 보면 구리시에 부동산 잔뜩 사놓고 홍보한다고 오해하실 수도 있겠네요. 이렇게 말씀드리며 마무리하겠습니다. 저도 구리시에 집 한 채 갖고 싶어요!

## ＝재활용 지역과 시설을 주목하세요

### 보금자리 주택 등 대규모 공공 택지개발은 무조건 1순위입니다

구리시의 신흥 강자인 갈매동의 갈매 보금자리지구는 이명박 정부 시절에 추진한 부동산 정책의 결과물입니다. 서울 강남지구(서울시 강남구 자곡·세곡·율현동 일원 94만㎡), 서울 서초지구(서울시 서초구 우면동과 경기도 과천시 주암동 일원의 36만 30,00㎡), 고양 원흥지구(경기도 고양시 덕양구 원흥·도내·용두동 일원의 128만 7,000㎡), 하남 미사지구(경기도 하남시 망월·풍산·선·덕풍동 일원 546만 6,000㎡)가 시범 지구로 개발되었고, 모두 최고의 신도시가 되었죠. 2차 지구는 서울시 내곡·세곡동, 부천시 옥실동, 시흥시 은계동, 남양주시 진건동, 구리 갈매지구입니다. 이들 지역 역시 현재 인기가 많습니다. 인기가 많은 이유는 입지가 양호한 반면에 주변 시세보다 저렴하기 때문입니다.

보금자리 주택이 대규모로 공급되는 곳은 무조건 눈여겨봐야 합니다. 기반 시설도 함께 들어서기 때문에 보금자리 주택뿐만 아니라 그 주변 지

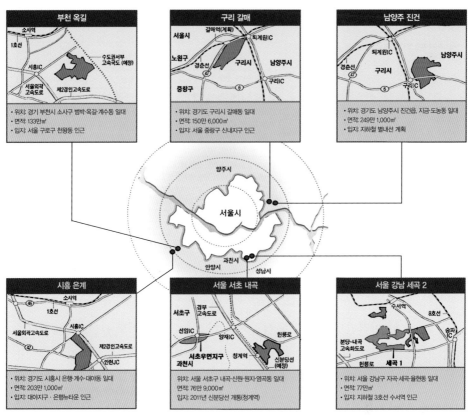

2차 보금자리 주택 공급지

역도 혜택을 볼 수 있습니다.

그렇다면 이제 어디에 관심을 가져야 할까요? 당연히 3기 신도시입니다. 2021년부터 사전 청약이 시작됩니다. 자산이 많지 않은 분들 그리고 새 아파트를 소유하고 싶은 분들은 입지 불문 무조건 청약합시다!

### 입지가 차이 나는데 가격이 비슷하다면?

갈매와 별내가 가격이 비슷하다면 어디를 선택해야 할까요? 당연히 더 많이 선호하는 지역을 선택해야겠죠.

| 주요 입지(*굵은 글씨는 3기 시도시, 팔호 안은 가구수) | 사전청약 시점 (계획) |
|---|---|
| ❶ **인천계양(1,100)**, 남양주 진접 2(1,400), 성남 복정 1·2(1,000) 등 | 2021년 7~8월 |
| ❷ **남양주 왕숙(1,500)**, 시흥 하중(1,000), 의정부 우정(1,000) | 2021년 9~10월 |
| ❸ **남양주 왕숙(2,400), 부천 대장(2,000), 고양 창릉(1,600), 하남 교산(1,100)**, 과천 과천(1,800, 2018년 발표 지구), 군포 대야미(1,000), 시흥 거모(2,700), 안산 장상(1,000), 안산 신길 2(1,400), 남양주 양정역세권(1,300) 등 | 2021년 11~12월 |
| ❹ **남양주 왕숙(4,000), 인천 계양(1,500), 고양 창릉(2,500), 부천 대장(1,000), 하남 교산(2,500)**, 용산정비창(3,000), 남양주 양정역세권(1,500), 광명 학온(1,100), 안산 장상(1,200), 검암역세권(1,000), 용인 플랫폼시티(3,300) 등 | 2022년 |

수도권 공공주택 사전 청약 용지와 일정

　　최근 갭 투자가 한창 유행했습니다. 매매가와 전세가의 갭이 크지 않기 때문에 적은 투자금으로도 부동산을 매수할 수 있는 투자법이죠. 부동산 관심층이라면 99%는 현재 갭 투자를 하고 있거나 적어도 관심이 있을 겁니다.

　　좋은 물건을 살 수만 있다면 갭 투자는 정말 좋은 투자 방법입니다. 다만 갭 투자로 좋은 물건을 살 수는 있지만, 갭 투자가 가능하다고 해서 무조건 좋은 물건은 아니라는 사실을 꼭 염두에 두고 물건을 분석하셨으면 합니다. 필요충분조건이 아니라는 것입니다.

　　무피 투자('Fee가 없다', 즉 비용이 안 드는 투자라는 부동산 은어. '피 같은 내 돈이 안 들어가는 투자'를 뜻하기도 한다. 매매가와 전세가의 차이가 크지 않은 아파트를 산 뒤에 전세금을 매매가 수준으로 올려서 사실상 헐값에 아파트를 매입하는 방법이다)든 갭 투자든 경공매투자든 부동산 투자라면 기본은 입지 투자여야 합니다. 따라서 입지가 차이 나는데 가격이 비슷한 경우는 조금 더 비싸더라도 입지가 좋은 쪽을 선택해야 합니다. 묻지 마 갭 투자는 절대 하면 안 됩니다!

구리시 재개발 구역 현황

| 시군구 | 읍면동 | 구역 | 단계 | 건립 예정 세대수 | 대지면적(㎡) | 시공사 |
|---|---|---|---|---|---|---|
| 구리시 | 수택동 | 수택 B구역 | 기본계획 | 614 | 43,092 | |
| 구리시 | 인창동 | 인창 B구역 | 구역지정 | 1,152 | 103,178 | |
| 구리시 | 교문동 | 딸기원 1지구 | 추진위 | 2,354 | 147,994 | |
| 구리시 | 인창동 | 인창 C구역 | 조합설립인가 | 1,014 | 51,096 | 롯데건설㈜ |
| 구리시 | 교문동 | 딸기원 2지구 | 사업시행인가 | 839 | 84,023 | |
| 구리시 | 수택동 | 수택 E지구 | 사업시행인가 | 3,050 | 146,840 | 대림산업㈜, GS건설㈜, SK건설㈜ |

## 혐오 시설이 공원화되는 곳은 관심을 가져보세요!

구리 자원회수 시설에 있는 구리타워는 가장 좋은 공원화 사례입니다. 2001년 12월에 완공된 구리타워는 구리시 자원회수 시설의 소각장 굴뚝을 이용하여 지상 100m 높이로 만든 타워입니다. 전망대는 1층과 2층으로 구분되어 있는데, 1층은 48각의 유리창을 설치하여 한강과 아차산, 서울의 야경을 조망할 수 있습니다. 게다가 이용료가 무료입니다. 전망대 2층에는 360° 회전식 라이브 레스토랑이 있습니다. 2009년부터는 전망대 1층에 또 하나의 문화 공간인 '하늘갤러리'를 개관하여 미술을 비롯한 예술 작품들을 상시 전시하고 있지요. 구리시에는 즐길 곳이 많아서 더 좋죠? 토평동에 살고 싶은 이유가 또 있었네요.

풍수
이야기

# 죽은 이의 집이 산 사람을 이롭게 한다

2009년 2월 27일 구리시 인창동에 있는 동구릉이 세계문화유산으로 지정되었습니다. 이곳에는 태조의 능인 건원릉을 시작으로 문종, 선조, 영조 등의 9개 무덤이 있는데, 그중 건원릉 자리가 가장 명당입니다. 명나라 사신들이 건원릉을 보고는 인공적으로 조성한 묘가 아니냐고 의심했을 정도로 타고난 명당 입지이죠. 조선 왕조가 500년 이상 지속할 수 있었던 힘이 건원릉의 지기(志氣) 덕분이라는 평가가 나오기도 했습니다.

좋은 입지는 후손들에게 바르게 살고자 하는 명분을 준다는 측면에서 의미가 있다고 생각합니다. 선조들의 묘를 정성껏 모시는 전통은 후손들에게 조상을 대하는 좋은 태도를 물려주는 역할을 하니까요. 그런 기운과 마음이 쌓여서 집안을 더욱 좋게 만든다고 생각합니다. 결국 풍수도 사람의 일인 것이죠.

조선시대에 여러 가지 역사의 비극이 있었습니다. 그 면면을 따져보면 선조들을 불손하게 대해서 일어난 일이 대부분입니다. 특히 문종의 동생이었던 수양대군이 조카인 단종을 죽이고 세조가 된 사건은 세조의 업적이 아무리 높다 해도 용서받기 힘든 패륜 범죄입니다. 단순히 단종만 몰아낸 것이 아니라 너무나 많은 사람을 죽였고, 손아랫사람인 단종뿐 아니라 손윗사람인 문종과 문종의 부인 현덕왕후에게까지 치욕을 입혔습니다. 수양대군은 자신의 형수(현덕왕후) 집안이 단종

복위 운동에 가담했다는 이유로 문종과 현덕왕후가 합장된 헌릉을 파헤쳤고, 현덕왕후의 시신을 지금의 시흥시 앞바다에 버렸습니다. 선대왕이자 형인 문종까지 욕을 보인 것이죠. 세조 사후에 현덕왕후의 것으로 추정되는 유골을 찾아 다시 합장했다고는 하나, 실제 현덕왕후의 유골인지는 알 수 없다고 합니다. 시흥시 앞바다는 지금의 시화호입니다. 방조제로 막아버린 뒤 시화호는 한때 환경적으로 매우 심각한 문제를 겪었습니다.

동구릉에 있는 건원릉

풍수라는 것이 그렇습니다. 자연의 순리를, 자연의 흐름을 막게 되면 문제가 생깁니다. 자연이 그럴진대 자연을 닮은 사람도 마찬가지겠지요. 억지로 되는 일은 없습니다. 언제든 반드시 문제가 발생합니다. 동구릉에 있는 문종 능을 보면서 이러한 자연의 순리, 인간의 도리를 생각하게 됩니다.

구리시를 고구려의 도시로 홍보하기보다는 대한민국 최고의 명당 동구릉의 도시로 홍보하는 것이 훨씬 더 현실적이고 설득력이 있다고 생각합니다. 구리시 관계자분들, 이제 광개토대왕보다는 태조 이성계를 내세우는 게 어떨까요?

# 지명에도
# 브랜드
# 가치가 있습니다!

강남, 분당, 목동, 반포, 일산, 송도, 세종시, 판교, 광교, 마린시티, 동탄…. 지금 거론
한 도시들의 공통점은 무엇일까요?

　이번 칼럼의 주제는 지명 인지도가 남다른 지역은 늘 주목해야 한다는 것입니
다. 지역 인지도가 남다르다는 말은 지역에도 브랜드가 있고, 브랜드에는 프리미
엄이 따르기 마련이라는 의미가 함축되어 있습니다.

　백화점에서 판매하는 소비재 상품에만 브랜드가 있는 것이 아닙니다. 지명에
도 분명 브랜드가 있습니다. 예를 들어볼까요? 부동산 시장의 최상위 브랜드는 강
남이죠. 한남동, 평창동, 성북동이라는 지명에도 고급 주거 지역이라는 브랜드 가
치가 반영되어 있습니다. 반포, 목동, 동부이촌동, 여의도라는 지명에도 고급스럽
고 잘사는 동네라는 이미지가 씌워져 있습니다. 과천도 마찬가지네요. 분당도 좋
고 일산도 훌륭합니다. 평촌도 말할 필요 없고요. 중동에 사는 분들에게 부천 사냐
고 하면 별로 안 좋아하시죠?

부산 해운대 야경

　　수도권 이외의 지역을 볼까요? 부산의 해운대는 이미 다른 부산 지역과는 완전히 다른 곳이 되었습니다. 특히 센텀시티, 마린시티는 해운대와 또 다른 브랜드 가치를 형성하고 있습니다. 대구의 수성구라는 브랜드는 대한민국의 지도급 인사를 배출한 학군으로 유명합니다. 대전의 도룡동도 대전에서는 고위층과 고소득층이 사는 유명한 지역이고요, 둔산지구는 학군 좋은 지역의 대명사가 되었습니다. 이 지역들의 지명에는 부동산 프리미엄이라는 높은 가치가 포함되어 있습니다.

롯데월드타워 야경

　이러한 지역에는 상대적으로 부유한 사람들이 살기 마련이죠. 부유한 사람들
은 세금도 많이 냅니다. 그래서 각 지자체는 지역 브랜드를 높이려고 노력합니다.
지역의 브랜드 인지도를 높여서 부유층이 유입되면 지자체의 살림살이도 나아지
니까요.

　부동산에 관심이 있는 분이라면 앞서 언급한 지명 브랜드를 갖출 만한 입지
를 미리 선점하는 데 관심을 가져야 할 것입니다. 몇 군데 지역을 한번 전망해볼까
요? 아주 객관적인 팩트만 가지고 말입니다.

　단군 이래 최대의 공사라고 일컬었던 용산 국제업무지구가 있었죠. 지금은 나
대지로 방치되어 있지만, 이렇게 좋은 땅을 언제까지고 버려두지는 않을 겁니다.
123층짜리 롯데월드타워가 들어선 잠실은 이미 강남에 버금가는 위상을 얻었습
니다. 잠실주공 5단지나 아시아선수촌 아파트가 재건축될 즈음이면 지역 브랜드
의 차원이 몇 계단 올라가겠죠?

신도시로 가볼까요?

그동안 부동산 시장에서 낙후된 지역으로 소외받아온 인천에도 자랑거리로
내세울 만한 지역이 3곳 있습니다. 송도·청라·영종이라는 인천 신도시 3총사입
니다. 특히 송도는 가장 규모가 크고 시설이 좋아서 인천 최고의 스타 지역이 되었
죠. 청라도 마찬가지고요. 동탄도 이제 경기 남부 지역을 대표할 만큼 지명 브랜드
가 올라갔습니다. 동탄이 화성시에 속한 지자체라는 사실을 알고 계신가요? 동탄
은 화성과의 연결고리를 끊고 독립된 지자체로 분리되고 싶어 합니다.

마찬가지로 남양주에서는 별내·다산 신도시가, 김포에서는 한강 신도시가, 고
양시에서는 삼송 신도시가, 파주에서는 운정 신도시가, 수원에서는 광교 신도시가
죄다 소속된 지자체에서 벗어나고 싶어 합니다. 같은 위상으로 평가되고 싶지 않
다는 거지요. 판교는 성남시 분당구의 한 지역입니다. 그런데 판교는 성남은 물론
분당이라는 딱지마저 떼려고 합니다. 분당보다 상위 개념을 추구하려는 겁니다.

대구 수성구 범어네거리 야경. 수성구청은 범어네거리 일대를
한국의 맨해튼으로 만드는 계획을 추진 중이다.

수원 광교 신도시 야경

남북교류 접경벨트

동해안 에너지 관광벨트

강원권

수도권

7 11 원주

5 충주

진천 음성

8 연기 공주

충청권

대경권

12 김천

13 대구

서해안 선벨트

서남권

9 3 전주 완주

호남권

10 광주 나주

동남권

16 진주

14 울산

15 부산

6 무안

5 영암 해남

6

남해안 선벨트

17 제주권

자료: 국토해양부

(1. 진행 상황 2. 특성 3. 이전 기관)

## 행정 도시

1] 연기 · 공주
1. 2007년 7월 착공
2. 행정 중심 도시
3. 정부 중앙부처 이전

## 기업 도시

2] 충남 태안
1. 2007년 10월 착공
2. 관광레저형(테마파크 등)
3. 현대건설

3] 충북 충주
1. 2008년 7월 착공
2. 지식기반형(전기전자 부품소재 산업 등)
3. 포스코건설 등 7개

4] 전북 무주
1. 2007년 10월 개발 계획 승인
2. 관광레저형(스포츠 휴양 시설 등)
3. 대한 전선

5] 전남 무안
1. 2006년 11월 개발 계획 승인 신청
2. 산업교역형(항공물류 등)
3. 프라임개발, 중국 광하그룹 등 7개

6] 전남 영암 · 해남
1. 2007년 12월 개발 계획 승인 신청
2. 관광레저형(마리나, 호텔 등)
3. 서남해안레저 등 컨소시엄

7] 강원 원주
1. 2008년 2월 실시 계획 승인
2. 지식기반형(첨단의료단지 등)
3. 롯데건설 등 9개

## 혁신 도시

8] 충북(진천, 음성)
1. 2007년 12월 실시 계획 승인
2. 융합기술
3. 소프트웨어진흥원 등 12개

9] 전북(전주, 완주)
1. 2008년 3월 실시 계획 승인
2. 농생명과학
3. LH공사 등 14개

10] 광주 · 전남(나주)
1. 2007년 11월 착공
2. 신재생 에너지 및 농업
3. 한국전력공사, 농촌공사 등 17개

11] 강원(원주)
1. 2007년 10월 실시 계획 승인
2. 건강
3. 국민건강보험공단 등 12개

12] 경북(김천)
1. 2007년 9월 착공
2. 정보기술벤처
3. 도로공사 등 13개

13] 대구(동구)
1. 2007년 9월 실시 계획 승인
2. 에너지와 교육
3. 가스공사 등 11개

14] 울산(중구)
1. 2007년 12월 착공
2. 에너지 · 환경친화
3. 석유공사 등 11개

15] 부산(영도 · 해운대 · 남구)
1. 2008년 4월 착공
2. 동북아시대 해양수도
3. 해양원구원 등 13개

16] 경남(진주)
1. 2007년 10월 착공
2. 산업자원
3. LH공사 등 12개

17] 제주(서귀포)
1. 2007년 9월 착공
2. 국제 교류
3. 국제교류재단 등 9개

행정·혁신·기업 도시 현황

목동신시가지 아파트 일대(출처_양천구청)

지역 브랜드가 이만큼 중요합니다. 바로 이웃한 지역인데 왜 가격 차이가 나느냐는 질문을 하는 분이 많은데요, 대부분은 '브랜드 차이'라는 말로 설명 가능합니다. 다시 말해서 분당은 성남이 아니고, 송도는 인천이 아닙니다. 중동은 부천이 아니에요. 강남은 그냥 서울이 아니며, 일산이나 삼송도 이제는 고양시가 아닙니다.

주거 시설이든 상업 시설이든 업무 시설이든 지역의 인지도가 시세에 반영됩니다. 바로 붙어 있는 입지라도 가격에서 차이를 보입니다. 대표적인 곳이 목동 아파트입니다. 목동 아파트는 1~14단지까지 있습니다. 1980년대 초에 조성되었죠. 그런데 2000년대에 입주한 바로 옆의 아파트보다 한때는 2~3배 비쌌습니다. 이렇게 가격 차이가 나는 것은 브랜드라는 요소가 크게 한몫했습니다.

지역의 인지도가 높아지면, 지명이라는 브랜드가 마케팅에 적용되면서 시세가 올라갈 확률이 높습니다. 따라서 가치 있는 부동산을 선택하는 방법 첫 번째는 브랜드가 있는 부동산을 상대적으로 저렴하게 매입하는 것이고, 두 번째는 브랜드 위상이 높아질 부동산을 미리 선점하는 것입니다.

**세종시 건설 기본 계획 및 개발 계획**

| 단계 | 1단계(2007~2015년) | 2단계(2016~2020년) | 3단계(2021~2030년) |
|------|------------------|------------------|------------------|
| 기능 | 중앙행정, 도시행정기능 정부출연<br>연구기능<br>국제교류 및 문화기능 | 대학기능<br>의료, 복지기능<br>첨단지식기반기능 | 도입기능의 완비 |
| 규모 | 15만 | 30만 | 50만 |
| 개발<br>방향 | 초기 집중 개발 유도 | 자족기능 중심의 개발 확대 | 주거지 확충 도시 기반시설 완비 |

출처: 행정중심복합도시건설청

 

비수도권 지역을 놓고 보면 현 시점에서 가장 주목받는 입지는 당연히 세종시입니다. 과천시는 인구수 6만 명으로도 지금의 위상을 갖게 되었습니다. 세종시는 최초에 80만 명을 목표로 기획된 도시입니다. 과천 이상의 위상을 가질 수밖에 없는 조건을 갖고 있는 것이죠.

지방의 혁신 도시나 기업 도시 중에서도 새로운 인기 스타가 탄생할 수 있습니다.

지금까지 나열한 지역들을 지역 브랜드 가치가 높거나 높아질 지역으로 관심 대상에 꼭 담아두시고, 앞으로 브랜드 파워가 얼마나 달라질지 꾸준히 지켜보자고요.

# Chapter 11

# 3차 도약을 하고 있는
# 위성도시의 최강자,
# 안양시 이야기

# 2차 단계까지 지역 변화가 진행된 안양시

안양시의 획기적인 변화상을 정리해보면, 두 단계로 나눌 수 있습니다. 안양시의 역사는 이 두 단계의 변화로 설명할 수 있습니다.

첫 번째 단계는 시(市)로 승격된 일입니다. 시흥군에 속해 있던 때에 안양은 그저 평범한 농촌이었습니다. 1960년대까지만 해도 '안양' 하면 곧바로 '포도'가 떠오르는 포도의 주산지였습니다. 전국적으로 안양을 알린 것도 포도였지요.

1960년대 후반에 들어서며 본격적으로 서울시의 범위가 확정되기 시작했습니다. 이때 서울의 역할을 대체할 위성도시가 필요해졌고 안양은 아주 매력적인 후보지였습니다. 서울과의 접근성이 좋았고, 대규모 농지는 산업 용지로 활용하기에 안성맞춤이었죠.

1973년 드디어 포도의 고장 안양읍이 안양시로 승격되었습니다. 농촌에서 도농 복합 도시로 변모하는 속도가 매우 빨랐습니다. 시로 승격될 즈음에는 더 이상 안양을 농촌으로 여기는 사람이 거의 없을 정도였습니다. 도심 중심으로 인구가 모여들고 상권이 활성화되었으며 많은 집이 건

1960년대 안양유원지 부근
의 딸기·포도밭 모습 / 출처
: 안양지역시민연대

설되었습니다. 오래지 않아 안양은 경기도를 대표하는 기업(공업) 도시이
자 서울 위성도시 가운데 최강자가 되었습니다.

　2000년대 들어 많은 기업이 평택이나 화성으로 이전하고 있지만, 안
양은 여전히 경기도를 대표하는 기업 도시입니다. 효성, GS, LG그룹의
주공장이 안양에 있고, 이 기업들을 중심으로 알짜배기 중소기업들이 많
이 포진해 있습니다.

　안양시의 두 번째 변화는 1992년에 도시가 만안구와 동안구로 분구
된 일입니다. 구가 여러 개 생긴다는 것은 그만큼 도시가 커져서 대도시
의 반열에 올랐다는 사실을 의미합니다. 노태우 전 대통령이 내세운 '200
만 채 공약'의 일환으로 개발된 1기 신도시 중 한 곳인 평촌 신도시가 출
범하면서 안양시에는 엄청나게 많은 아파트가 일시에 공급됩니다. 안양
에 있는 기업체들의 종사자를 위한 주거 시설만이 아니라 서울의 인구를
분산하는 역할까지 담당하게 된 것이죠.

　기존 주택 공급 방식과는 완전히 다른 방식으로 택지를 개발했기 때
문에 안양시 주민뿐 아니라 인근 경기도 지역과 서울에서도 많은 사람이
이주해왔습니다. 이렇게 폭발적으로 인구가 증가하면서 자연스럽게 평촌

안양시 전경 ⓒ 안양시청

신도시 지역과 그 외의 안양 지역을 분리하게 되었습니다.

평촌 신도시를 위주로 하는 지역이 동안구이고, 구도심 지역이 만안구입니다. 신기하게도 동안구는 신도시라는 어린 얼굴(동안, 童顔)의 의미로 해석되고, 구도심인 만안구는 연세 지긋한 어른의 얼굴(만안, 滿顔)이라는 의미로 다가오기도 합니다. 참 재미있는 부분이죠.

### 배산임수의 명당 입지

안양시는 수도권 내의 대표적인 공업 도시라고 말씀드렸습니다. 일반적으로 공업 도시라면 공해가 심하고 그리 쾌적하지 않은 환경을 떠올리게 되죠. 하지만 안양의 생활 환경에 대해서 우려하는 분들을 거의 보지 못했습니다. 타고난 자연환경이 워낙 좋기 때문인데요, 북동 방향으로는 서울과 과천을 지키는 관악산을, 남서 방향으로는 시흥과 군포를 품고 있는 수리산을 두고 있습니다. 둘 다 명산으로, 안양에 신선한 공기와 뛰어난 경관을 제공하고 있습니다. 게다가 이 두 산 사이에는 서울 남서권의 꿀물 같은 존재인 안양천이 휘돌아 흐릅니다. 산과 물이 좋은 전형적인 배산임수 입지인 것이죠.

이러한 자연 요건으로 인해 농사 짓기에 참 좋았으며, 과거부터 많은 사람이 살았습니다. 사람이 많이 사는 곳은 특별한 지역적 문제가 생기기 않는 한 계속 많은 사람이 살 확률이 높습니다. 안양시의 2020년 12월 현재 인구는 55만 명입니다. 만안구에 24만 명, 동안구에 31만 명입니다. 1992년 분구 당시에는 안양시 인구 54만 명이 만안구와 동안구에 각각 29만 명, 25만 명이 살았습니다. 가장 많은 인구를 기록한 때가 2007년의 63만 688명이었고, 이후로 조금씩 인구가 감소하고 있습니다. 그런데도 동안구는 미미하나마 조금씩 증가하는 모습을 보이고, 만안구는 지속적으로 인구가 감소하고 있습니다. 안양시 전체로 보면 20년 동안 약 3만 명이 감소한 것으로 나타납니다.

2000~2020년
안양시 인구 추이

| 연도 | 인구수 |
|------|--------|
| 2000 | 583,240 |
| 2001 | 593,967 |
| 2002 | 597,656 |
| 2003 | 608,325 |
| 2004 | 625,197 |
| 2005 | 629,426 |
| 2006 | 629,659 |
| 2007 | 630,688 |
| 2008 | 627,330 |
| 2009 | 623,511 |
| 2010 | 628,831 |
| 2011 | 623,227 |
| 2012 | 618,230 |
| 2013 | 614,687 |
| 2014 | 600,809 |
| 2015 | 605,451 |
| 2016 | 604,652 |
| 2017 | 594,697 |
| 2018 | 584,239 |
| 2019 | 574,464 |
| 2020 | 551,296 |

(단위 : 명)

## 안양시에 3차 변화가 찾아올까요?

과거에는 큰 지역적 문제가 없는 한 어떤 지역의 인구가 크게 줄어드는 일은 흔치 않습니다. 하지만 오늘날에 이르러 사람들의 욕구와 기대가 환경 변화에 민감하게 반응하게 되었고, 이에 따라 지역의 운명도 달라지고 있습니다. 안양도 예외가 아닌데요, 지역 노후화와 기업체 이전이라는

안양시 지도

변수가 발생했습니다.

안양시가 생긴 것이 40여 년 전이고 평촌 신도시가 건설된 것은 30여 년 전의 일입니다. 도시의 나이로 보나 아파트의 생애 주기(30년)로 보나 이미 중년에 접어들었습니다. 한 도시가 지속적으로 성장하려면 인구가 계속 늘거나 지역 면적이 확장되거나 새로운 시설이 들어서야 합니다. 전형적인 사례가 바로 서울이죠. 일거리가 많아지면서 위성도시들을 만들어냈고, 인구가 계속 늘자 신도시를 건설하게 했습니다. 새로운 도시라고는 하지만 사실상 큰 범주에서는 이 도시들도 서울이라고 할 수 있습니다. 서울의 업무적인 역할과 베드타운으로서의 역할을 수행하니까요. 완전한 도심인 서울은 주변 도시들이 계속 발전할수록 더 높은 위상을 갖게 됩니다. 결국 도시는 계속 확장되어야 역할과 위상을 유지할 수 있습니다.

안양은 서울의 위성도시로 시작했지만, 지금은 안양을 둘러싸고 있는 도시들의 '서울' 역할을 하고 있습니다. 주변의 의왕시와 군포시가 대표적인 안양의 '위성도시'입니다. 하지만 이 도시들의 규모는 작습니다. 그것도 안양의 남쪽에만 자리 잡고 있고요. 안양의 북쪽과 서쪽은 산으로 막혀 있습니다. 더 이상 확장할 공간이 없다는 의미입니다.

이제 안양시는 세 번째 변화를 해야 할 시기가 왔습니다. 그렇지 않으면 인구가 계속 줄어들 수밖에 없을 겁니다. 그렇다면 안양의 3차 변화를 이끌어낼 동력은 어디에 있을까요? 이 글에서 이 질문의 답을 찾아보겠습니다. 만안구의 3개 동(안양·석수·박달동)과 동안구의 4개 동(비산·관양·호계·평촌동)의 이야기를 통해 안양시의 미래를 전망해봅시다.

# 구도심과 신도심의
# 조화와 공존을 모색하는 안양

## 만안구 최고 중심지이자 안양 1번가, 안양동

안양에 평촌 신도시가 생기기 전까지는 안양동이 안양의 유일한 중심가였습니다. 특히 안양역 앞 안양 1번가는 모든 연령층이 즐겨 찾는 대표 상권이었습니다. 다른 지역 사람들도 찾아오던 과거의 위상이 점점 축소되는 느낌이지만, 아직도 엄청나게 많은 사람이 모여듭니다. 사람이 많이 몰리는 만큼 부동산 가치가 높죠. 이곳은 여전히 안양시의 중심이자 만안구의 대장입니다.

이름처럼 안양시의 축소판인 안양동은 관악산, 삼성산, 수리산, 안양천 등의 자연환경을 갖추고 있습니다. 안양역세권을 중심으로 상권과 주거 지역이 잘 갖추어져 있고, 1호선 명학역과 안양천 사이에는 공업 도시로서의 면모를 엿볼 만한 제조업체들이 밀집해 있습니다. 만안구청 주변에는 안양세무서, 농림축산검역본부, 안양보건소, 안양아트센터 등의 관

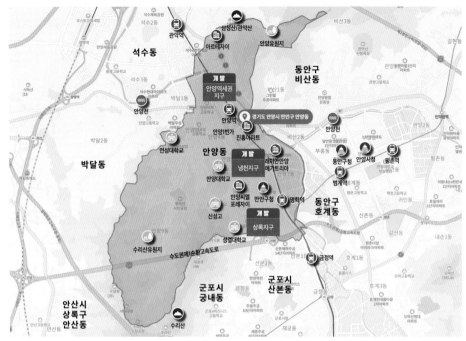

안양동 지도, 1동부터 9동까지 9개 동이 있다.

공서와 공공기관이 들어서 있고, 초등학교부터 대학교까지 학교 시설도 엄청나게 많습니다. 교통과 교육, 상업 시설, 일거리, 자연환경까지 모두 갖춘 지역으로, 단일 동으로는 상당한 인구수인 15만 명이 살고 있습니다.

그러나 안양의 중심이라기에는 뭔가 어색한 느낌이 듭니다. 동의 크기나 시설, 인구수 등으로 보면 분명 안양의 중심이 되기에 충분한데도 말이죠. 이는 평촌 신도시라는 거대한 존재 때문입니다. 평촌에 비해서 항상 한 단계 낮은 평가를 받는 것도 사실이고요.

이러한 평가는 선호도에서 비롯됩니다. 사람들이 어디에 살고 싶어 하는지, 어디에서 일하고 싶어 하는지, 어느 곳의 상업 시설을 이용하고 싶어 하는지 등의 선호도에서 평촌보다 한 수 아래입니다. 이는 난개발과 체계적인 개발의 차이라고 할 수 있습니다. 평촌 신도시는 부동산 입지

1960년대의 안양 1번가(좌)와 오늘날의 안양 1번가(우)

요소들을 계획적으로 설계해서 적절하게 배치했습니다. 반면 안양동은 철도와 공장 부지를 제외한 모든 주거 시설과 상업 시설이 오랜 시간에 걸쳐 차곡차곡 형성되었습니다. 무려 100개가 넘는 아파트 단지가 있지만, 아파트가 거의 없는 것 같은 인상을 주는 것도 이런 이유 때문입니다. 대부분의 단지가 개별적으로 형성되었기에 서로 시너지 효과를 낼 수 없는 것이죠.

상권도 마찬가지입니다. 안양동 상권은 기존의 재래시장 상권과 안양역 사이에 상가들이 하나둘 모이면서 안양 1번가라는 거대 상권으로 자랐습니다. 로드숍들이 빽빽하게 들어서 있어서 밀도가 아주 높죠. 하지만 주제별로 구획이 정리되지 않고 여러 가지 업종이 우후죽순 들어선 형태입니다. 예전부터 이곳을 이용하던 분들에게는 익숙하겠지만 외지인들에게는 불편한 구조입니다. 안양역에 롯데백화점이 들어서면서 다소 현대적인 면모를 갖추기는 했지만, 재래시장 형태의 상권에서 벗어나지 못했습니다.

하지만 오래된 동네인 만큼 학교가 참 많습니다. 대학교가 3개나 있습니다. 성결대학교, 안양대학교, 연성대학교입니다. 일반 고등학교에서 순위권에 드는 신성고등학교도 있고, 주거 시설이 밀집된 곳에는 어김없이 초등학교가 위치해 있습니다. 다만 대부분의 학생이 평촌 신도시의 학원

가를 이용합니다. 이 때문에 교육 환경 면에서도 평촌보다 한 단계 아래
로 평가됩니다.

자연환경은 매우 좋습니다. 안양동을 하나의 생물체라고 한다면, 머리
부분에 해당하는 곳에 관악산이 있고, 엉덩이와 다리에 해당하는 부분에
수리산이 있습니다. 목과 가슴 부분에는 안양천이 흐르죠. 실제로 이곳의
유원지들은 많은 사람이 찾는 지역 명소입니다. 관악산과 삼성천을 즐길
수 있는 북쪽 안양유원지와 수리산과 수암천을 즐길 수 있는 남쪽 수리산
유원지는 주말이면 주변 지역에서도 많이들 찾아옵니다. 안양동이 평촌
신도시보다 좋다고 확실하게 말할 수 있는 유일한 부분이 바로 산과 물
입니다. 이 천혜의 자연환경을 지속적으로 누릴 수 있도록 유지하는 것이
안양동의 관건 중 하나입니다.

최근 안양동에는 평촌의 수요를 가져올 만한 매력적인 대규모 단지들
이 개발 중입니다. 안양역과
명학역 사이의 덕천지구를 재
개발한 4,250세대의 래미안안
양메가트리아가 2016년 11월
이미 입주했고, 바로 옆 부지
의 진흥아파트 역시 2,723세
대로 재건축하여 2021년에 분
양, 2024년에 입주 예정입니
다. 시공사는 대우건설, 포스
코건설입니다. 평촌 신도시도
부러워할 만한 대형 브랜드 아
파트가 안양역세권에 연속적

신성고등학교(위)와 안양역 앞(아래)

래미안안양메가트리아(위)와 진흥아파트 재건축 단지(아래) 조감도

으로 생기는 것입니다. 규모는 다소 작지만 1,394세대의 안양 씨엘포레자이가 2021년 2월에 입주합니다. 2022년 8월 입주 예정인 아르테자이도 있습니다.

또한 냉천지구는 경기도주택 도시공사에서, 상록지구는 삼성 물산에서, 안양역세권지구는 도시환경정비사업으로 현대산업 개발과 한양에서 재개발을 진행 중입니다. 이렇게 새 아파트들이 대규모로 입주하고 나면 안양동도 주거 지역으로서 한층 높은 위상을 갖게 될 것입니다. 그때는 정말 평촌이 부럽지 않겠지요.

교통 호재도 있습니다. 국책 사업으로 진행되는 월곶판교선이 안양동을 지납니다. 이에 따라 진흥아파트와 안양역에 신규 역세권이 형성될 예정입니다. 1호선(국철)밖에 없던 안양동에 광역 도시로 변모할 또 하나의 포인트가 생긴 것이지요.

<br>

동네 이야기 2 | ## 서울인 듯 서울 아닌 석수동

석수동을 서울 금천구나 관악구의 한 동네로 알고 계신 분이 많을 겁니다. 실제로 석수역은 금천구 시흥동 권역에 있고, 석수동 한가운데의 관악역은 왠지 관악구일 거라는 생각이 듭니다. 하지만 분명한 사실은 과거

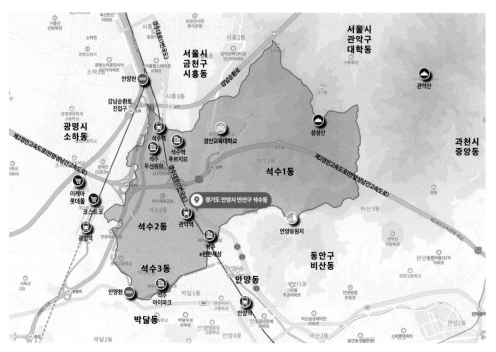

석수동 지도. 1동부터 3동까지 나뉜다.

에도 지금도 석수동은 안양시에 속해 있다는 점입니다. 석수동은 작지만 아주 독특한 매력을 가진 안양의 관심 지역입니다.

석수동에는 2가지가 많습니다. 하나는 불교 문화재입니다. 보물 4호로 지정된 중초사지 당간지주와 정조가 건설한 만안교, 안양사 귀부, 삼막사 마애삼존불상, 삼막사 삼층석탑, 중초사지 삼층석탑, 석수동 석실분 등이 있습니다. 모두 돌로 만들어진 역사 문화재들입니다. 당연히 이 지역에 석공들이 많았겠죠? 이처럼 이곳의 많은 문화재가 석공들의 손에 의해 만들어졌다 해서 이 지역을 석수라고 불렀다고 합니다. 정작 현재의 석수동 한자는 석수(石手)가 아니라 석수(石水)이긴 하지만요.

석수동에 또 하나 많은 것이 수영장입니다. 안양유원지 주변으로 천연 수영장이 많은데요. 실제로 1932년에 관악산과 삼성산 암반 사이로 흘

1970년대 안양유원지 계곡의 수영장들 / 출처 : 안양지역시민연대

러내리는 물이 맑고 깨끗해서 석수(石水) 수영장을 만들었다고 합니다. 이 수영장 이름을 현재까지 동네 이름으로 사용하게 된 것이죠. 대한민국에서 유일하게 수영장 이름을 지명으로 사용한 사례가 아닐까 합니다.

이름에서 드러나듯 석수동의 자연환경은 아주 뛰어납니다. 안양시에서 최고의 쾌적함을 자랑합니다. 석수동의 경계 자체가 관악산의 지류인 삼성산과 안양천 등의 자연환경으로 이루어져 있습니다. 주거 지역은 석수동 남쪽 안양천변과 경수대로, 즉 1번 국도 주변에 밀집해 있고, 이 지역을 제외하면 대부분이 산과 하천 지형인 자연 속의 도시입니다.

단, 산과 하천이 많고 평지가 적으며 도로가 많아서 개발할 만한 부지가 많지 않습니다. 1번 국도가 지역을 동서로 나누고 있고, 제2경인고속도로가 동서로 지나갑니다. 그래서 그 도로들 사이 혹은 안양천과 도로 사이, 삼성산과 도로 사이에 아파트 단지들이 배치되어 있지요. 특히 석수역 주변 단지가 그렇습니다.

석수동에서 가장 비싸다는 석수두산위브는 석수역과 안양천 사이에 있고, 두 번째로 비싸다는 석수역푸르지오는 1번 국도와 삼성산 사이에 있습니다. 단지 자체만으로는 쾌적할 수 있지만, 아파트 단지가 밀집하면서 시너지를 주고받는 효과는 기대하기 어려운 구조입니다. 그럼에도 석수동이 아직까지 만안구에서 가장 비싼 시세를 보이는 이유는 안양동보다 새 아파트가 많아서입니다. 대부분 10년 전후의 단지여서 안양동보다 훨씬 젊죠. 또한 서울이나 광명으로의 접근성이 안양시에서 가장 좋다는 점도 한몫했습니다. 하지만 안양동에 대규모 재개발·재건축 단지들이 입주하게 되면 상황이 조금은 달라지겠지요.

석수동에 교통 호재가 있었습니다. 먼저 2017년 안양성남간고속도로가 제2경인고속도로에 연결되었습니다. 이 고속도로가 개통함으로써 성남시(분당구)에서 안양시를 거쳐 인천까지 연결되는 광역 도로망이 완성되었는데요. 석수동은 이 광역 교통망의 중간 기점으로서 인천과 성남시의 관심을 동시에 받게 되었습니다. 게다가 2016년 개통한 강남순환고속도로(강남순환로) 진입구가 바로 윗동네인 금천구 시흥동에 생겼습니다. 광명시와 서울 강남구, 송파구를 한 번에 연결하는 도로입니다. 고속도로

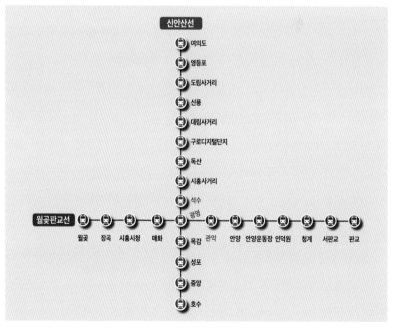

월곶판교선과 신안산선(안산~여의도) 노선도

115

석수역세권뉴타운 개발 대상지 위치

진출입구가 있는 시흥동만큼 석수동도 많은 사람이 오가는 곳이 되었습니다.

하지만 석수동의 진짜 교통 호재는 2개의 전철망입니다. 안산과 여의도로 갈 수 있는 신안산선이 2024년 개통을 목표로 공사 중입니다. 시흥과 판교를 잇는 월곶판교선의 2개 역도 준비 중입니다. 지금까지의 석수동은 조용한 동네였지만, 이 2개 노선이 개통한 이후에는 떠들썩한 동네로 탈바꿈하겠지요.

지난 5년간 상권과 업무 시설에 관련된 호재도 있었습니다. 석수동의 안양천 서쪽 건너편은 광명역세권입니다. 최근 광명시가 엄청나게 성장했죠. KTX 역사가 건설되고 코스트코, 이케아, 롯데몰 등의 상업 시설과 새로운 주거 시설이 꽤 많이 들어섰습니다. 게다가 여전히 개발 진행 중입니다. 이렇게 커지고 있는 광명시의 기반 시설들을 인접한 석수동에서도 그대로 이용할 수 있습니다.

2000년 중반 금천구와 함께 추진되다가 금융 위기 등 여러 가지 문제로 개발 속도가 늦추어진 석수역세권뉴타운도 다시 속도를 낼 수 있을 것으로 예상됩니다. 그렇게 된다면 석수동은 안양시라는 지자체를 뛰어넘어 서울의 한 권역으로 들어가는 것이죠. 이런 몇 가지 요인만으로도 석수동은 만안구에서 가장 호재가 많은 지역이라 할 수 있습니다. 작지만 독특한 매력이 있다는 의미, 이제 공감하시겠죠?

동네
이야기
3 ## 과거의 전형적인 모습을 간직한 박달동

박달동은 대부분의 지역이 수리산 구릉지에 속합니다. 북동쪽 일부, 그러니까 북쪽으로 흐르는 안양천과 수리산 구릉지 사이에 주거지가 형성되어 있습니다. 이 주거지의 동쪽 지역에는 단독 주택이 밀집해 있고, 수리

박달동 지도. 주거 지역인 1동과 대부분이 산지인 2동으로 구성된다.

박달시장(좌)과 박달사거리 상권(우)

산 구릉지와 안양천 사이인 서쪽에는 아파트가 많습니다. 안양동과 접한 박달동은 마치 오랜 시간에 걸쳐 자연스럽게 형성된 시골마을 같은 모습을 간직하고 있습니다.

지도상에서 북동쪽 끄트머리의 박달 1동은 박달시장을 중심으로 상권이 형성되어 있으며, 만안구의 경제·교통의 중심 지역이기도 합니다. 1동 서쪽에 위치한 박달 2동에는 광명·시흥·안산시로 연결되는 도로망이 있습니다. 박달동(博達洞)이라는 지명은 사방으로 막힘없이 어디든 연결되는 마을이라는 의미입니다. 지명에서부터 도로 환경이 잘 갖추어져 있다는 사실을 알 수 있습니다. 하지만 이러한 도로 환경은 과거의 관점에서만 유용할지도 모릅니다. 도로 교통은 좋지만 안양시에서 유일하게 전철역이 없는 곳이기도 하거든요.

박달동 대부분은 녹지 공간과 군사 보호 구역입니다. 나머지 공간에 아파트와 주택, 공장 시설, 농촌이 섞여 있는 도농 복합 도시입니다. 이런 성격 때문에 만안구의 중심인 안양동의 축소판이라고 할 수 있습니다. 안양동처럼 농촌

안양고등학교

의 모습과 공업 도시로서의 면모를 동시에 보여주니까요.

하지만 박달동에는 산과 물이 어우러진 자연환경이 안양동보다 훨씬 넓게 분포해 있고, 대규모 택지개발지구는 아니지만 아파트 밀집 지역도 있습니다. 박달동이 안양동과 구분된 별도의 행정동인 이유가 여기에 있는 셈이죠. 대부분의 아파트 단지에서 가까이 있는 남측의 수리산 도립공원을 조망할 수 있습니다. 또한 산책로와 자전거도로가 잘 정비된 안양천의 수변공원과 인접해 있어 레저 활동도 가능합니다. 쾌적한 환경을 누릴 수 있는 자연친화적인 아파트 단지들인 것이죠.

박달동에서 가장 큰 단지인 1,358세대 한라비발디 옆에는 안양시 혁신 1호 학교인 삼봉초등학교가 있고, 박달로 건너편에는 역시 혁신학교인 지역 명문 안양고등학교가 있습니다. 안양 시립 도서관인 박달도서관도 있습니다. 아파트가 밀집된 지역에 교육 시설이 집중되어 있죠. 중학교가 없다는 점이 박달동의 큰 약점이었는데, 2017년 3월에 박달중학교가 개교하면서 교육 환경이 한결 개선되었습니다.

박달동에서 가장 새로운 아파트는 한라비빌디 오른쪽에 위치한 348세대의 안양한양수자인에듀파크로 2017년 11월 입주했습니다.

| 동네<br>이야기<br>4 | 안양 최고 대단지들의 경쟁터, 비산동 |

비산동은 풍수적인 명당입니다. 관악산 남쪽에 위치하고 앞으로는 안양천과 학의천이 흐르고 있어서 배산임수 지형을 제대로 갖추고 있습니다. 누가 보아도 좋은 입지이기 때문에 예전부터 대규모 주거단지가 많이 형성되었습니다.

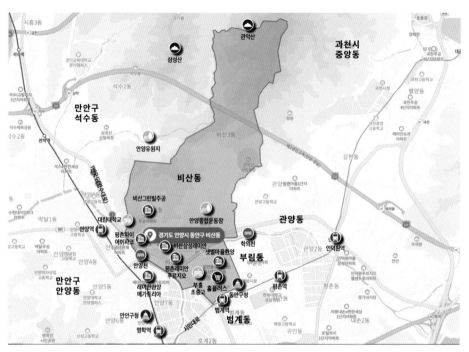

비산동 지도. 비산 1동과 2동, 3동 외에 부흥동과 달안동이 포함된다. 비산 2동에서 부흥동이 분리되었고, 부흥동에서 다시 달안동이 분리되었다.

비산동에서 가장 큰 단지는 비산삼성래미안입니다. 단일 단지 규모가 3,806세대로, 한때 전국의 래미안 중에서 가장 큰 단지이기도 했습니다. 비산삼성래미안의 왕좌를 빼앗은 단지는 안양동의 래미안안양메가트리아로 4,250세대입니다. 비산동에서 두 번째로 큰 단지는 비산그린빌주공입니다. 2,044세대죠. 이 두 단지 모두 산으로 둘러싸여 있어서 공기가 맑고 쾌적합니다. 또 단지 내에 학교가 있어 교육 환경이 좋은 편입니다. 단일 단지는 아니지만, 동일한 브랜드로 최대 규모의 단지는 샛별마을한양인데요, 1·2·3·6단지를 모두 합치면 5,255세대입니다. 비산동에 대단지가 참 많죠?

물론 평촌동에 비하면 수가 적지만, 비산동에 이토록 대단지가 많은 데에는 이유가 있습니다. 비산동은 평촌 신도시 개발에 포함된 곳이기도

비산삼성래미안(좌)과 샛별마을한양아파트(우)

하지만, 신규 개발 부지가 다른 동네보다 많았기 때문입니다. 래미안과 그린빌은 평촌 신도시보다 10년 뒤에 개발되어 2003년에 입주했습니다. 그 뒤로도 비산동에는 여전히 신규 단지를 공급할 만한 부지가 남아 있는데요, 이는 안양시에서는 유일합니다. 2021년 12월 입주하는 2,637세대의 평촌자이아이파크, 2021년 11월 입주하는 1,199세대의 평촌래미안푸르지오도 있습니다. 비산동은 1번 국도 주변에 위치하여 서울, 광명, 수원 등 타 지역에서 접근하기도 쉽습니다.

비산동이라는 지명이 생긴 데에는 여러 가지 설이 있습니다. 관악산 정상에서 바라본 구릉지의 형세가 마치 베를 짤 때 바로잡는 날틀 같다 하여 붙여졌다는 설이 있고, 산이 날아다니는 것처럼 보일 정도로 구름이

안양종합운동장

멋진 곳이라 하여 생긴 지명이라는 설도 있습니다.

재미있는 점은 서울 강서구의 내발산동과 외발산동처럼 비산동에도 내비산과 외비산이 있다는 사실입니다. 내비산은 행정동으로는 비산 3동 지역으로, 종합운동장 북쪽에 있는 마을이고, 종합운동장 남쪽 지역은 산골짜기 밖이라 해서 외비산이라고 불렀다고 합니다. 내비산은 단독 주택이 많은 고즈넉한 마을이고, 외비산을 포함한 남쪽 지역은 아파트 단지 위주로 형성된 개발지라고 보면 됩니다.

지금까지 설명해드린 비산동은 학의천 북쪽 지역으로, 우리가 일반적으로 알고 있는 비산동입니다. 학의천 남쪽으로도 비산동이 있습니다. 비록 행정동은 부흥동, 달안동으로 나뉘지만, 법정동으로는 비산동이거든요. 이 지역은 평촌 신도시 권역에 포함됩니다. 비산동의 가장 큰 단지라고 이야기한 샛별한양 단지가 달안동에 있고요, 동안구청도 이곳에 있습니다. 안양경찰서도 비산 2동에 있고, 이마트와 더불어 비산동을 대표하는 대형 유통점인 홈플러스도 있습니다.

부흥초·중·고등학교가 일렬로 배치되어 있는데, 이 학교들을 중심으로 '관악'이라는 이름을 단 단지들이 밀집해 있습니다. 부흥동에서 시민대로를 넘어가면 바로 평촌이고요. 지하철 4호선 범계역이 있습니다.

비산동을 두 권역으로 나누어보면, 비산 1·2·3동은 만안구와 유사한 느낌입니다. 산과 하천을 낀 주거 지역이죠. 반면 부흥동과 달안동은 동안구 느낌을 줍니다. 평촌 신도시처럼 평지의 택지개발지구에 조성된 아파트 단지들이 있기 때문입니다. 그래서 관공서, 도로망, 학교, 상업 시설들이 개발 단계부터 구획되었습니다.

이렇게 비산동은 만안구과 동안구 성격을 모두 지니고 있습니다. 두 지역을 이어주는 역할을 한다고 할 수 있지요. 오래전에 개발되어 낙후한 곳, 신도시로 개발한 곳, 새롭게 개발될 곳이 모두 있습니다. 그래서 비산동은 항상 새로운 느낌을 줍니다. 친근하기도 하고요. 안양종합운동장과 대림대학교는 관악산 갈 때 놀러가기에도 좋은 곳이랍니다.

동네
이야기
5

## 과천을 닮은 관양동

관악산을 오르는 등산 코스가 참 많지만, 특히 이용 빈도가 높은 코스는 4군데입니다. 먼저 관악구 신림동 서울대학교 옆길을 통해서 올라가는 길이 있고, 두 번째가 사당역을 통해 남현동을 지나서 올라가는 길입니다.

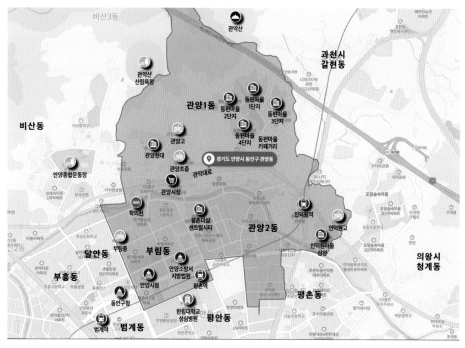

관양동 지도. 관양 1동과 2동, 평촌 신도시 권역인 부림동으로 구성되어 있다.

동편마을 카페거리

과천의 과천고등학교 옆길도 등산객들이 애용하는 코스입니다. 마지막 네 번째 길이 관양동 관양고등학교 옆길을 이용하는 것입니다. 개인적으로는 사당역과 관양동 길을 좋아합니다. 관악산 능선을 따라 오르는 길이어서 경치가 아름답고 관악산의 몸매를 제대로 만끽할 수 있는 길이기 때문입니다.

관악산을 끼고 있다는 점에서 관양동은 과천시와 많이 닮았습니다. 실제로 관악산 초입 주변의 분위기도 비슷합니다. 과천에 정부청사가 있듯, 관양동에는 안양시청이 있습니다. 4호선 전철역이 있는 것도 그렇습니다. 여러모로 과천의 축소판이라는 생각이 듭니다.

관양(冠陽)이라는 지명에서 관은 관악산이라는 의미이고, 양은 산과 하천 사이의 양지바른 땅이라는 뜻입니다. 관악산 밑 양지바른 곳에 자리 잡은 땅이라는 지명의 뜻만으로도 살고 싶어지는 동네가 아닐까 싶네요.

관양동은 1990년에 1동과 2동으로 분동되었고, 1993년 관양 2동이 관양 2동과 부림동으로 다시 나뉘었습니다. 이 3개 동 지역은 각각 완전히 다른 모습을 보입니다. 관양 1동은 관양이라는 의미를 가장 잘 보여줍니다. 산과 하천 사이의 평범하지만 따뜻한 느낌을 주는 주거 밀집 지역

평촌더샵센트럴시티

이 있는데, 아파트는 거의 없고 대부분 단독 주택입니다. 관양초·중·고등학교가 있는 관양현대아파트 주변부터 관양시장에 이르는 길이 사람이 가장 많이 모이는 곳이죠. 관양동 북동쪽, 과천시 갈현동과의 경계에는 동편마을이라는 대규모 아파트 단지가 있습니다. LH공사가 분양한 아파트로 1·2단지는 임대 아파트, 3·4단지는 일반 분양 아파트입니다. 평촌더샵센트럴시티가 입주하기 전까지는 관양동에서 가장 시세가 높았던 아파트로, 2020년 12월 현재 평당 2,600만 원 전후를 형성하고 있습니다.

인덕원선(인덕원동탄간 복선 전철) 노선도

　관양 2동은 중소기업 밀집 지역입니다. 아파트형 공장과 일반 공장들이 거의 전 지역을 차지하고 있습니다. 공업 도시 안양의 모습을 잘 보여주고 있죠. 인덕원역으로 대표되는 이 지역은 인근 수도권 교통의 경유지 역할을 합니다. 서울·과천과의 연결 도로가 있고, 4호선 전철이 통과하는 관양동의 핵심 지역입니다.

인덕원은 조선시대에 공무를 수행하는 출장자들의 숙소인 인덕원이 있던 곳이어서 생긴 지역 이름으로, 과거부터 교통의 요지였습니다. 지금도 숙박 시설이 많죠. 나이트클럽 등의 유흥 시설이 밀집해 있기도 합니다. 과천시의 업무 시설에 종사하는 직장인들도 이용하는 핵심 상권입니다.

부림동은 평촌 신도시 권역입니다. 1992년 이후로 입주한 아파트와 안양시청, 지방법원, 지방교육청 등의 시설이 네모반듯하게 구획된 곳에 입주해 있습니다. 한편 평촌 신도시 권역에는 꽤 오랫동안 신규 분양한 아파트가 전혀 없었습니다. 때문에 2013년 11월 평촌더샵센트럴시티가 실로 오랜만에 분양했을 때 1순위 완판은 충분히 예상 가능한 일이었죠. 당시 부동산 경기가 좋지 않았음에도 완판된 것은 그만큼 안양에 새 아파트를 원하는 수요가 많았다는 사실을 의미합니다. 현재 안양시 전체에서 가장 비싼 아파트로, 평당 3,500만 원 전후의 시세를 보입니다.

관양동은 확장성 면에서 보면 입지 여건이 아주 좋은 곳입니다. 월곶판교선이 개통하고 인덕원선(인덕원동탄간 복선 전철) 건설이 확정되면 인덕원의 지역 위상은 지금보다 몇 단계 높아지게 되겠죠. 인덕원 주변을 눈여겨봐야 할 이유입니다. 최근 인덕원마을 삼성아파트의 시세가 급등한 것도 이러한 미래 가치에 대한 기대 때문이겠지요.

<br>

동네
이야기
6

## 의왕시와 군포시의 친구, 호계동

호계동은 대외적으로 드러나는 평촌 신도시라고 할 수 있습니다. 1번 국도가 정확히 남북으로 가로지르고, 동서 방향으로는 수도권제1순환고속도로가 지납니다. 4호선 범계역에서 내리면 보이는 곳이 대부분 호계동이죠. 평촌 신도시의 서쪽 경계 지역이라고 보면 됩니다. 다른 지역 분들이 도로를 지나면서, 혹은 지하철에서 내려 처음 만나는 동네가 호계동이라는 의미입니다.

호계동 서쪽 끝에는 안양천이 있고, 이 안양천과 1번 국도 사이에는 공단 지역이 형성되어 있습니다. 안양천변을 따라 공장들이 길게 늘어서 있는데요, 안양시를 대표하는 기업인 효성, LS산전 등의 대기업 공장들이 있습니다. 안양 IT 단지들도 이곳에 밀집해 있으며, 구안양공구상가와 아파트형 공장 디오밸리가 있는 안양 국제유통단지도 있습니다. 이것이 1번 국도 서쪽에 위치한 호계 1동과 2동의 모습입니다.

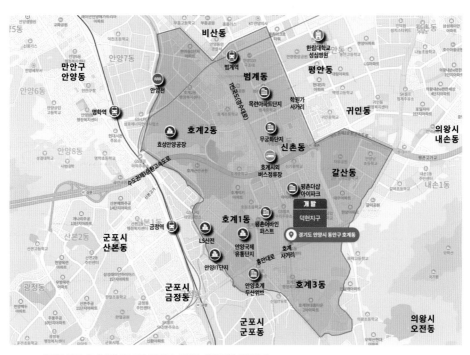

호계동 지도. 호계 1동부터 3동, 범계동, 신촌동, 갈산동을 포함한다.

범계동 목련 단지(좌)와 평촌 신도시 학원가(우)

　1번 국도 동쪽에 위치한 범계동과 신촌동은 전형적인 평촌 신도시입니다. 범계동에는 목련아파트가 1단지부터 9단지까지 있습니다. 신촌동에는 무궁화 단지와 먹자골목 그리고 그 유명한 평촌 신도시 학원가가 있습니다. 평촌동과 신촌동 사이에 있는 이 학원가의 로터리 이름도 '학원가사거리'입니다.

　호계동(虎溪洞)이라는 지명은 안양천 계곡 주변에 호랑이가 많았다 해서 범계곡, 즉 호계라고 불린 데서 유래합니다. 조선시대에도 이 지역은 호계리였습니다. 호계동과 범계동의 지명 유래가 같습니다.

　호계동은 조선시대부터 일제 강점기 초까지 이 지역 상권의 중심지였습니다. 서울과 수원을 잇는 1번 국도와 과천, 군포를 잇는 흥안대로가 교차하는 호계사거리가 안양, 군포, 의왕의 중심이 되는 상권이었죠. 당시에는 군포시장이라고 불렀다고 하네요. 조선시대에 형성된 이 군포시장을 중심으로 민가가 밀집할 정도로 번성했다고 합니다. 하지만 1925년 대홍수로 안양천이 범람한 뒤로 자연스럽게 시장이 축소되다가 사라지게 되었는데요. 이 군포시장의 일부는 안양 1번가 상권이 있는 안양동으로, 나머지는 군포시 군포역 인근 상권으로 이동했다고 합니다. 따라서 군포시에 있는 현재의 군포시장은 안양의 호계동시장이 옮겨간 것으로 보면 됩니다. 그래서 원래 군포시장이 있던 이 호계사거리 일대를 구(舊)군포라

지하차도가 지나는 호계사거리. 원래 이 일대가 군포시장이라고 불렸다. ⓒ 안양시 동안구청

고도 합니다.

안양에는 아직 종합터미널이 없습니다. 안양역 앞 길거리 터미널에서 시외버스를 탈 수 있고, 호계동에는 직행버스 정류소가 있습니다. 지금 평촌동에 안양 버스터미널 부지가 있지만, 개인적인 생각으로는 호계동에 터미널이 생기는 것이 더 효과적이라고 봅니다. 서울과 수원을 잇는 1번 국도와 과천, 군포를 잇는 흥안대로가 만나는 곳이기도 하고, 수도권 제1순환고속도로를 이용할 수도 있기 때문에 버스 교통의 중심지로 활용

호계사거리의 호랑이 조형물.
ⓒ 안양시 동안구청

가치가 높다고 판단하기 때문입니다.

호계동은 서울과 경기도 남부 지역을 이어주는 역할을 합니다. 남동쪽 의왕시와 남서쪽 군포시와 함께하는 곳이지요. 교통 요지로서, 또 재건축과 재개발지로도 관심을 가질 만합니다.

2019년 3월 입주한 1,174세대의 평촌더샵아이파크, 2021년 1월 입주한 3,850세대의 평촌어바인퍼스트, 2021년 12월 입주할 855세대의 안양호계두산위브 외에도 안양시에서 가장 많은 재개발·재건축 정비사업이 대기하고 있습니다. 이러한 개발 계획과 추진은 지역의 새로운 동력이 되기에 충분합니다.

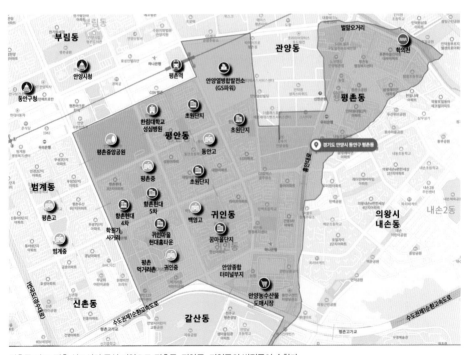

평촌동 지도. 평촌 신도시의 중심 지역으로 평촌동, 평안동, 귀인동의 법정동이 속한다.

평촌중앙공원과 공원의 분수에서 물놀이를 즐기는 시민들 ⓒ 안양시청 / ⓒ 경기관광공사

## 안양이 아닌 평촌이라 불러다오, 평촌동

평촌(坪村)은 넓은 벌판에 조성된 마을이라 하여 벌말(벌판 마을)이라고 부르던 것을 한자로 옮긴 지명입니다. 이 벌말에 들어선 대규모 아파트 단지가 평촌 신도시입니다. 지형 자체가 평지였기 때문에 대규모 택지개발을 하기에 참 좋았습니다. 북쪽 평촌역을 시작으로 남쪽 수도권제1순환고속도로까지 평촌동은 평촌 신도시(관양·비산·호계·평촌동)의 핵심 지역입니다. 평촌 신도시에 속한 동들 가운데 평촌동을 제외한 모든 동의 녹지공간은 실제 산인 데 비해 평촌동 서쪽의 평촌중앙공원은 인공적으로 조성된 공원입니다. 대규모 택지개발지구의 상징적인 공간인 것이죠.

벌말, 즉 평촌동은 조선시대에도 안양·의왕·군포 권역에서 가장 큰 마을을 형성하고 있었습니다. 평촌 신도시가 이곳을 중심으로 개발할 수 있었던 것이 결코 우연이 아니었던 셈이죠. 넓은 벌판이어서 개발이 용이했지만, 이러한 지형 조건에 교통 여건 역시 좋았기 때문에 신도시로 개발할 수 있었습니다. 교통 요지여서 주변 인구가 계속 유입되었던 것입니다.

한편 평촌동에는 조선시대에도 큰 길이 있었습니다. 정조가 사도세자

평촌중학교(좌)와 귀인중학교(우) ⓒ 안양시청

의 능이 있는 화성으로 갈 때 반드시 지나야 했던 곳이었습니다. 초기의 능행(陵幸)은 사당동과 과천을 거쳐 안양, 평촌을 지나는 길을 택했으나, 후에 금천구 시흥동 쪽으로 변경했습니다. 시흥동을 지날 때는 결국 평촌동을 거쳐야 했습니다. 초기 능행길인 과천~안양 간 도로가 지금의 흥안대로이고, 후기 능행길이었던 금천구 시흥동~안양 간 도로가 바로 1번 국도입니다. 이 두 도로 모두 평촌동을 지납니다. 그만큼 이곳은 과거부터 교통의 요지였던 것이죠. 평촌동 최남단의 안양농수산물도매시장 옆에 빈 부지가 있습니다. 이 부지는 안양종합터미널로 개발하기 위한 땅입니다. 과거를 살펴보면 그 이유가 이해되지요.

행정동으로서의 평촌동은 학의천 남쪽 벌말오거리 주변의 평촌동, 평촌중앙공원과 안양열병합발전소가 있는 평안동, 평촌먹거리촌과 신도시 최고의 학원가가 형성되어 있는 귀인동으로 구성되어 있습니다. 하나하나 살펴보겠습니다.

먼저 평촌동입니다. 행정동 평촌동에서는 구심이라고 할 수 있습니다. 평촌 신도시에서는 살짝 비껴나 있는 곳으로, 의왕시 내손동과 구분하기 힘들 정도로 같은 생활권에 속해 있습니다. 흥안대로 옆 부지에 상업 시설이 많기 때문에 주거지로는 그다지 쾌적하지 않습니다. 학교도 초등학교밖에 없고요. 그러나 래미안, e편한세상, 푸르지오 등의 브랜드 아파트가 밀집해 있습니다. 이들은 평촌 신도시에서는 상대적으로 새 아파트에 속합니다.

두 번째로 평안동입니다. 평촌 신도시를 거론할 때 가장 대표적인 곳이라 할 수 있습니다. 평촌중앙공원과 한림대학교 성심병원이 있습니다. 아파트 단지로는 향촌 3개 단지, 초원 7개 단지가 있습니다. 전형적인 신도시 택지개발지구의 아파트 단지 지역입니다. 신도시의 가장 큰 장점인 열병합발전소도 이곳에 있습니다. 향촌현대 4차와 향촌현대 5차 단지는 평촌동 권역에서 가장 비쌉니다.

마지막으로 귀인동입니다. 귀인동의 대표적인 시설은 단연 학원가입니다. 평촌 학원가는 다른 신도시 학원가와 비교되는 것을 거부합니다. 대치동을 목표로 목동과 어깨를 나란히 한다는 평가를 받을 정도이니까요. 실제로 안양시 모든 지역에서 귀인동의 학원가를 이용합니다. 뿐만 아니라 의왕시, 군포시는 물론 과천시에서도 이 학원가로 옵니다. 참고로 과천은 안양과 같은 학군에 속합니다.

평촌 신도시는 목동처럼 중학교 학군을 중요하게 생각하는데요. 대부분 범계동의 범계중학교, 평안동의 평촌중학교, 귀인동의 귀인중학교에 가고 싶어 합니다. 귀인동에는 꿈마을아파트 단지가 있고, 평촌 신도시에서 가장 인기 있는 귀인마을현대홈타운이 있습니다. 역세권과는 무관한 단지임에도 안양시에서 가장 인기 있는 학교인 귀인중학교를 단지 내에 끼고 있고 평촌 학원가를 걸어서 이용할 수 있다는 장점 때문에 수요가 높습니다. 평촌 학원가를 대체할 만한 학원가는 앞으로도 생기기 어렵기 때문에 이 지역의 가치는 계속 유지될 것으로 보입니다. 그만큼 교육 환경 프리미엄은 중요하니까요.

# 주변에서는 가장 큰 형님,
# 전국적으로는 옛날 도시

안양시는 완전한 도심이자 금천구 시흥동, 과천시, 의왕시, 군포시, 광명시, 시흥시 등으로 둘러싸인 중심 지역입니다. 주변 지역보다 규모가 훨씬 크고 인구도 많으며 일거리 역시 많고 교통도 편리합니다. 특히 평촌 신도시를 중심으로 한 택지개발지구는 웬만한 서울 지역들과 비교해도 손색이 없을 정도입니다.

이 지역에서 안양이 갖는 위상은 앞으로 계속 유지될 것입니다. 다만 그 정도는 과거만큼 높지 않을 것입니다. 주변으로부터 큰 형님으로 통하지만, 다른 지역 주민들이 호감을 느낄 만한 특별한 매력이 많지 않기 때문입니다. 과거처럼 흡인력을 갖기 위해서는 사람들의 시선을 끌 새로운 이슈가 필요합니다.

만안구와 동안구는 서로 다른 방향으로 발전해왔습니다. 평촌 신도시가 있는 동안구는 대외적인 안양의 얼굴 역할을 하며 인구가 지속적으로 유입되었습니다. 사람들의 관심을 끌 만한 훌륭한 기반 시설을 바탕으로

만안구 전경. 노후 건축물
의 비율이 높다.
ⓒ 안양지역시민연대

앞으로도 이러한 역할이 이어질 것입니다. 서울에서도 부러워하는 학원
가가 있고 상권도 알차게 배치되어 있습니다. 하지만 평촌 신도시도 벌써
30년에 이르렀습니다. 이름값을 유지하기 위한 별도의 노력이 필요한 시
점입니다.

만안구는 분구 이후로 인구가 지속적으로 줄어들고 있습니다. 사실 그
동안 만안구의 많은 공장 시설이 안양의 내실을 담당했지만, 이제 공장
입지로서의 매력이 점점 낮아지고 있지요. 충청권에 저렴하고 혜택이 많
은 산업단지가 개발되었고, 경기도의 평택과 화성에서도 거대한 산업 벨
트가 확장하는 중입니다. 이렇게 안양은 공장 입지로서의 경쟁력을 잃어
갈 뿐만 아니라 주거·상업 지역으로서의 경쟁력조차 점점 떨어지는 중입
니다. 구도심은 신도심보다 낙후되는 속도가 빠릅니다. 이 추세라면 만안
구의 인구는 계속 줄어들 겁니다.

하지만 최근 정비사업들이 본격적으로 진행되면서 어느 정도는 만안
구의 부활을 기대할 수 있게 되었습니다. 대규모 신규 아파트들의 입지를
지켜봐야 하는 이유가 생긴 것이죠.

## 더 이상 확장할 곳이 많지 않은 안양은 기존 도심을 재생해야 합니다!

안양시에는 대규모로 주택을 공급할 만한 택지가 거의 없습니다. 업무 시설이든 상업 시설이든 아파트든 신규로 공급할 만한 부지가 남아 있지 않은 상황입니다. 그렇다면 지금 이대로 모든 부동산이 점점 낙후되는 것을 그저 지켜보고 있어야만 할까요?

이 점은 이미 서울에서도 오랫동안 해온 고민입니다. 서울이 이 문제를 해결해나가는 방법을 따라가면 됩니다. 신규 부지를 확장하는 것이 아니라 도시를 재생하는 방법을 택하는 것입니다. 실제로 안양시도 그런 방향으로 추진하고 있습니다.

낙후된 시설이 많은 만안구의 경우, 거의 모든 지역이 재개발·재건축 예정지입니다. 그리고 공장이 이전해간 부지는 주거용이나 상업용으로 용도 전환되어 지역에 새로운 활력을 불어넣고 있습니다. 대표적으로 안양동 덕천지구 재개발과 박달동 심아알루미륨 공장부지 재개발을 들 수 있습니

냉천지구의 재개발 전 모습(위, ⓒ 안양지역시민연대)과 재개발 조감도(아래)

다. 각각 대단지인 래미안안양메가트리아와 안양한양수자인에듀파크가 들어서서 정비사업의 순기능을 제대로 확인시켜주었지요. 앞으로 안양 구도심에서는 이러한 용도 변경 사례를 많이 접할 수 있을 것입니다.

한편 택지개발지구인 동안구는 리뉴얼이나 재건축으로 돌파구를 마련해야 합니다. 30년 차가 된 아파트들은 재건축을 준비하고 있습니다. 대표적인 곳이 호계동 주공아파트를 재건축한 평촌더샵아이파크입니다. 30년 차가 되지 않은 단지들은 리모델링을 추진하고 있습니다. 1992년 준공된 목련 3단지 우성아파트는 수직 증축을 통해 1,307가구로 개발합니다. 목련 2단지도 준비 중이고요. 이처럼 새로운 시설로 변신하려는 노력은 분명 안양시의 얼굴을 바꾸는 데 큰 영향을 미칠 것입니다. 덕현지구, 상록지구, 냉천지구 등의 대규모 재개발 현장들도 마찬가지입니다. 결론적으로 재건축과 재개발, 리모델링이 향후 안양시를 바라보는 가장 중요한 포인트가 될 것입니다.

# =도심 변화와 환경 쾌적성을 주목하라

## 자급자족형 신도시의 부동산 가치가 더 높다!

평촌 신도시의 서쪽 끝은 호계동 공업지대이고, 동쪽 끝은 관양동 공업지대입니다. 이들 지역은 평촌이 단순히 서울의 베드타운 역할만 하는

관양동의 아파트형 공장

것이 아니라 기업 활동을 왕성하게 펼치는 자급자족형 도시임을 말해줍니다. 1기 신도시 중 최고는 분당입니다. 그 뒤를 일산, 평촌이 따르고 있는데요, 일산보다는 평촌의 부동산 가격이 더 높습니다. 일산과 달리 평촌은 단순한 베드타운이 아니라는 것이 가장 큰 이유입니다.

단순한 베드타운보다 업무 시설을 갖춘 지역이 더 비쌉니다. 대한민국 최고의 시세를 자랑하는 강남이 비싼 이유도 업무 시설이 많기 때문입니다. 전국의 모든 지역을 시세로 분석해보세요. 대부분 업무지구가 비싸다는 사실을 알게 될 겁니다.

## 리모델링도 도시 재생의 트렌드가 될 겁니다

앞으로 20년은 도시 재생의 시대입니다. 서울은 이미 시작했고, 그 외의 지역들도 추진하고 있습니다. 향후 부동산을 매입할 때에는 도시재생 사업을 추진하는 여부를 따질 필요가 있습니다. 재건축이나 재개발을 할 가능성이 얼마나 큰가에 따라 해당 부동산의 가치가 결정될 것입니다.

호계동의 IT 단지

## 안양시 재건축 단지 현황

| 시군구 | 읍면동 | 재건축 단지명 | 준공연월 | 사업단계 | 총세대수 | 예정 세대수 | 시공사 |
|---|---|---|---|---|---|---|---|
| 안양시 동안구 | 호계동 | 호계럭키 | 1992년 | 기본계획 | 794 | – | |
| 안양시 만안구 | 석수동 | 럭키 | 1987년 6월 | 기본계획 | 735 | – | |
| 안양시 동안구 | 관양동 | 현대 | 1985년 5월 | 안전진단 | 904 | – | |
| 안양시 동안구 | 비산동 | 미륭 | 1979년 9월 | 조합설립인가 | 576 | 730 | ㈜호반건설 |
| 안양시 만안구 | 박달동 | 신한 | 1986년 6월 | 조합설립인가 | 370 | 415 | |
| 안양시 동안구 | 비산동 | 뉴타운 삼호 1,2,3차 | 1982년 | 사업시행인가 | 912 | 2,618 | HDC현대산업개발㈜, 코오롱글로벌㈜ |
| 안양시 동안구 | 호계동 | 신라 (931–3) | 1989년 12월 | 관리처분계획 | 60 | 2,417 | 현대건설㈜, SK건설㈜, 코오롱글로벌㈜ |
| 안양시 동안구 | 호계동 | 삼신 6차 | 1984년 4월 | 이주/철거 | 252 | 456 | ㈜영무토건 |

## 안양시 재개발 구역

| 시군구 | 읍면동 | 구역 | 단계 | 예정 세대수 | 대지면적(㎡) | 시공사 |
|---|---|---|---|---|---|---|
| 안양시 동안구 | 관양동 | 관양 2동 주민센터 주변지구 | 기본계획 | – | 77,300 | |
| 안양시 만안구 | 박달동 | 극동아파트 주변지구 | 기본계획 | – | 26,000 | |
| 안양시 만안구 | 안양동 | 삼아연립 주변지구 | 기본계획 | – | 50,197 | |
| 안양시 만안구 | 안양동 | 만안구청 주변지구 | 기본계획 | – | 44,768 | |
| 안양시 만안구 | 안양동 | 명학마을 주변지구 | 기본계획 | – | 81,400 | |
| 안양시 만안구 | 안양동 | 상록지구 | 조합설립인가 | 1,713 | 69,950 | 삼성물산㈜ |
| 안양시 만안구 | 석수동 | 화창지구 | 사업시행인가 | 483 | 22,846 | GS건설㈜ |
| 안양시 만안구 | 안양동 | 안양역세권지구 | 사업시행인가 | 853 | 27,385 | HDC현대산업개발㈜, ㈜한양 |
| 안양시 만안구 | 안양동 | 냉천지구 | 관리처분 | 2,329 | 118,461 | 경기주택도시공사 |
| 안양시 동안구 | 비산동 | 비산초교 주변지구 | 이주/철거 | 2,739 | 114,550 | ㈜대우건설, 현대건설㈜, GS건설㈜ |
| 안양시 동안구 | 호계동 | 덕현지구 | 이주/철거 | 2,761 | 116,666 | 대림산업㈜, 코오롱건설㈜ |
| 안양시 동안구 | 호계동 | 융창아파트 주변지구 | 이주/철거 | 2,417 | 107,768 | 현대건설㈜, SK건설㈜, 코오롱글로벌㈜ |
| 안양시 동안구 | 호계동 | 호계온천지구 | 이주/철거 | 1,100 | 41,856 | 대림산업㈜ |

기존의 호계동 목련 단지(위)와
3단지 리모델링 조감도(아래)

하지만 도시 재생에는 돈이 필요합니다. 추가 분담금을 과연 얼마나 부담할 것인가가 추진 여부를 결정하는 가장 중요한 요소입니다. 강남처럼 미래 가치가 보장된 곳은 추가 분담금이 높아도 사업을 추진할 가능성이 크지만, 이외의 지역은 추가 분담금 대비 미래의 수익을 장담할 수 없어서 쉽게 추진하기 어렵습니다. 따라서 재건축이나 재개발보다는 비교적 비용이 적게 들어가는 리모델링이 하나의 대안이 될 수 있습니다. 특히 20년 전후가 된 1기 신도시의 경우, 거의 모든 단지가 대상이 되는데요, 지역적으로 새 아파트에 대한 욕망이 큰 단지들의 경우는 재건축보다 더 신속하게 추진될 가능성이 큽니다. 이제 리모델링에도 관심을 가져야겠습니다.

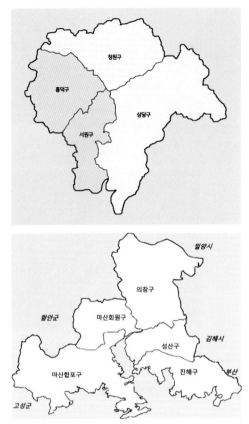

청주시 지도(위)와 창원시 지도(아래)

## 분구되는 지역들을 주목하세요

안양시는 1992년 분구되는 시점부터 비약적으로 발전했습니다. 안양이 완전한 대도시가 되었다는 의미였으니까요. 대도시가 되면 주변 중소도시의 수요를 끌어들이는 힘이 생깁니다. 주거, 상업, 업무 등 거의 모든 부분에서 말이죠. 때문에 주변 지역보다 부동산 가치가 높아지고 또 가격이 떨어질 확률은 낮아집니다. 따라서 분구가 되는 지역, 또는 분구가 될 만한 지역을 관심 있게 봐야 합니다.

청주시는 무려 4개의 구로 나누어졌고, 고양시도 2개 구에서 3개 구로 분구되었습니다. 통합 창원시에는 무려 5개의 구가 있지요. 이 지역들은 계속 관심을 가질 필요가 있습니다. 인구가 비약적으로 증가하고 있는 화성시와 평택시도 당연히 분구가 될 겁니다. 세종시도 계획대로 인구수 60만 명이 되면 분구가 될 가능성이 큽니다. 인천 송도도 연수구에서 분리될 가능성이 크지요. 모두 관심 지역들입니다!

# 풍수는 과거를 기억합니다

'인덕'이라는 용어는 조선시대의 내시와 관련이 있습니다.

내시는 환관이라고도 불리는 궁중의 관직이었는데요, 품계에 따라 꽤 높은 위치에 오르기도 했습니다. 그리고 내시는 왕의 뜻에 따라 지역 백성들에게 물질적으로 베푸는 역할을 했다고도 전해집니다. 그래서 내시가 살던 곳을 '남에게 덕을 베푸는 사람이 사는 곳'이라는 뜻으로 인덕(仁德)이라고 불렀다고 합니다. 이후 공무로 여행하는 사람들에게 숙식을 제공하는 기관인 원(院)이 설치되면서 인덕원이라는 지명이 생기게 되었습니다.

우리 역사를 통틀어 최고의 영웅인 이순신 제독께서 임진왜란 당시 관직을 박탈당하고 백의종군하게 되었을 때 아산으로 내려가면서 인덕원에서 잠시 쉬었다는 기록이 《난중일기》에 실려 있습니다. 성웅으로 추앙받는 이순신 제독께서 쉬었다 가신 곳이라니, 인덕원이라 불리기에 손색이 없겠네요.

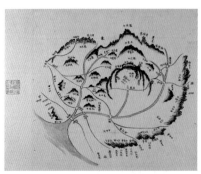

안양 지역의 고지도

인덕원 일대 전경 / 출처 : 네이버 항공뷰

　인덕원은 과천시와 안양시 그리고 의왕시의 분기점입니다. 교통망이 아주 좋은 곳이지요. 조선시대부터 많은 사람이 지나다녔기에 원이 설치되었고, 원이 폐지된 조선 후기에도 이 지역은 주막거리라고 불릴 만큼 상권이 발달했습니다.

　현재의 인덕원 역시 과거와 유사한 역할을 하고 있습니다. 먹자골목으로, 주점으로 조선시대의 역할과 기능을 그대로 계승한 것이지요. 풍수는 사람들의 행태를 기억합니다. 한 지역에서 오랜 기간에 걸쳐 일어났던 일은 훗날에도 계속 반복될 확률이 높습니다. 잠시 중단된다 해도 결국에는 재현될 가능성이 크지요.

　인덕원과 수원(동탄)을 오가는 복선 전철, 시흥과 판교를 오가는 월곶판교선이 개통한다면 인덕원은 더 많은 '인덕'을 펼칠 수 있을 것입니다. 만약 조선시대에도 이 노선이 있었다면, 이순신 제독께서 더 편하게 귀양을 가실 수도 있었을 텐데, 라는 생각이 들기도 하네요.

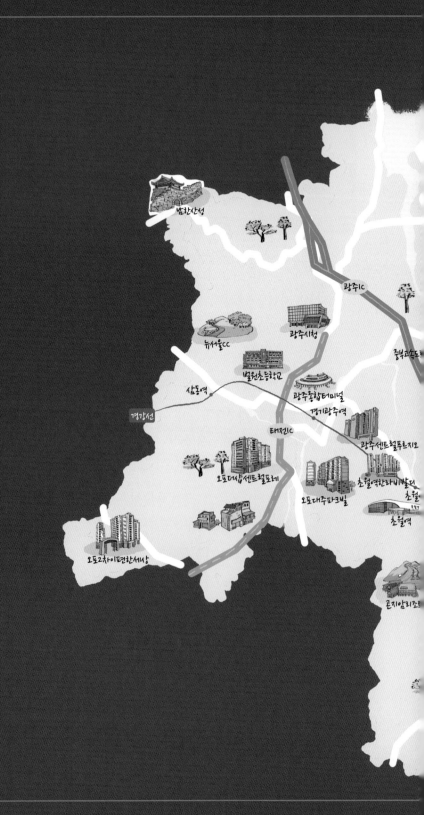

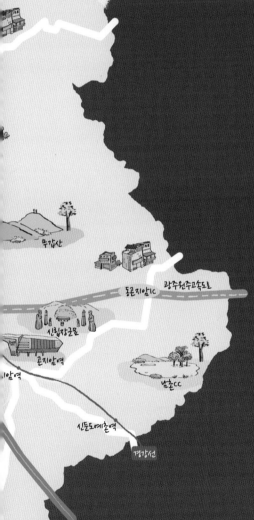

# Chapter 12

# 광역화되어가는 도시,
# 광주시 이야기

# 이제 광주광역시와 비교하지 마세요

대한민국에는 '광주'라는 지명을 쓰는 지역이 두 곳 있습니다. 하나는 광주광역시고, 다른 하나는 경기도 광주시입니다. 그중 광주광역시는 대부분 알고 계시지만, 경기도 광주시는 아는 분이 그리 많지 않은 작은 도시였습니다. 광주군에서 광주시로 승격한 것도 얼마 되지 않았습니다. 그게 2001년의 일이니까, 세상에 경기도 광주시가 등장한 것이 올해(2021년)로 꼭 20년이 되었습니다.

원래 광주는 우리가 생각하는 것보다 훨씬 큰 지역이었습니다. 놀라운 사실을 하나 알려드리자면, 광주는 현재의 서울 강남·강동·송파구와 경기도 성남·하남시를 아우르는, 우리나라에서 몇 손가락 안에 드는 큰 지자체였습니다. 이 광역 권역의 중심이 지금의 광주시였지요. 이 사실 하나만으로도 광주의 위상이 다르게 느껴지지 않나요? 1960년대에 서울에 강남·강동·송파구 지역을 양보해주었고, 1973년에는 성남시를, 1989년에는 하남시를 분리해주면서 지금의 광주시만 남게 된 것입니다. 현재 대한민국 부동산을 주도하는 지자체들이 모두 광주 출신인 셈이지요. 그래서 주

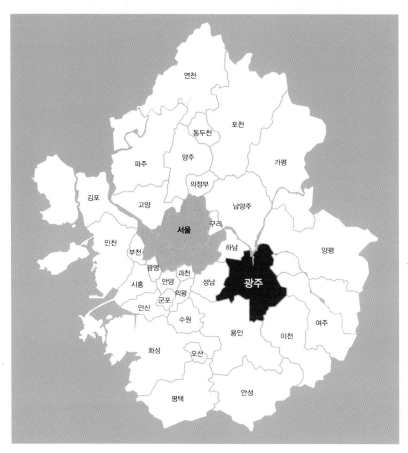

경기도·수도권에서의 광주시 위치

변 지역과의 서열을 따지면 광주시가 꽤 높습니다. 이곳을 방문할 때마다 왠지 모를 무게감이 느껴지는 이유가 여기에 있는 것이 아닌가 싶어요.

발음만 보아도 그런 느낌이 듭니다. 국어사전을 살펴보면, 광주광역시의 광주는 발음을 빠르게 해야 하고, 경기도 광주시의 발음은 '광~주'라고 길게 발음해야 하거든요. 경기도 광주가 발음부터 더 품위 있게 느껴지지 않나요? 한자어도 다릅니다. 전라권의 광주는 빛 광(光)자를 쓰고, 경기도 광주는 넓을 광(廣)자를 씁니다. 현재는 당연히 광주광역시가 넓지만, 경기도 광주시가 왜 넓을 광자를 썼는지는 앞선 설명으로 이해하셨으리라 생각합니다. 지금은 그리 넓지 않지만, 과거의 광주는 이름값을 할 만큼 충분히 넓은 지역이었습니다.

경기도 광주가 예전부터 잘나가는 지역이었다는 말씀을 드리고 싶었습니다. 단순히 지명이 같아서 광역시와 비교한 게 아니라는 것이죠. 오히려 과거의 위상은 그 반대이기까지 했습니다. 그런데 왜 현재 위상은 이렇게 작아졌을까요? 왜 전국적으로 인지도가 낮은 지역이 되었을까요? 그리고 앞으로도 그럴까요?

### 청정 지역 광주시, 개발이 될 수 없었던 이유

인지도라는 것이 그렇습니다. 어떻게든 언론에 노출되지 않으면 인지도가 낮을 수밖에 없습니다. 어찌 보면 연예인이나 정치인의 상황과 비

숫하죠. 광주시의 인지도가 과거에 비해 낮아지게 된 것도 같은 이유라고 생각합니다. 'Out of sight, out of mind'라고, 대중의 눈과 귀에 포착되지 않으면 잊히게 마련입니다. 부동산으로, 입지로 언론의 주목을 받으려면 개발이 되어야 합니다. 교통망이든 상권이든 학교 시설이든 뭔가 이전과 달라지는 이슈가 있어야 합니다. 그동안의 광주시는 그러질 못했지요. 왜 그랬을까요?

　광주시는 광주산맥(태백산맥의 철령 부근에서 서울에 이르는 산맥)이 면적의 대부분을 차지하고 있습니다. 평지가 거의 없습니다. 광주산맥의 산으로는 송파구와 인접한 남한산성이 있는 남한산, 분당구와 인접한 문형산, 이천시와 인접한 태화산, 하남시와 인접한 검단산 등이 있습니다. 게다가 도시의 중앙을 한강의 지류인 경안천과 곤지암천이 흐르고 있고, 북쪽에는 그 유명한 팔당호가 있습니다. 팔당호는 수도권, 특히 서울의 식수원이죠. 2,000만 명 이상이 이 팔당호의 식수를 마시고 생활용수로 활용합니다.

팔당호. 남한강과 북한강이 합류하는 지점으로 팔당댐이 건설되면서 만들어졌다. 수도권 2,000만 인구의 식수원을 저장하고 있다.

산과 물이 좋아서 자연환경으로 따지면 수도권에서는 광주시가 가장 훌륭하다고 해도 과언이 아닙니다.

특히 토질이 매우 우수합니다. 예로부터 이천시와 광주시에는 궁궐에 납품하는 왕실 도자기를 만들던 분원(分院)이 있었습니다. 땅의 질이 좋은 곳은 풍수적으로 좋은 곳이라고 여러 번 말씀드렸죠. 이런 곳은 농사가 잘되고 도자기도 만들 수 있어서 여러 가지 일자리를 만들어냅니다. 그런데 이처럼 자연환경이 좋다는 것은 대규모 개발을 할 만한 곳이 없다는 의미이기도 합니다. 부동산공화국이라고 하는 대한민국에서는 크게 주목을 받지 못했던 것이죠. 그래서 광주광역시와는 비교도 될 수 없을 만큼 인지도가 낮을 수밖에 없었습니다.

하지만 소규모 부동산 개발에 관심이 많은 분들에게는 오히려 더 좋은 지역이었습니다. 대규모 개발은 불가능하지만 소규모 개발은 가능하기 때문에 우리가 모르는 사이에 꾸준히 개발이 이루어졌습니다. 1,000

경안천 습지생태공원

세대가 넘는 대단지 아파트는 많지 않지만, 중소 규모의 아파트 단지들이 꽤 있습니다. 아파트가 광주시 전체 주택의 3분의 1을 차지합니

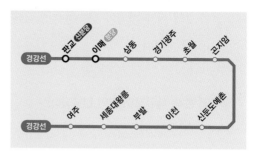

경강선(성남~여주 간 복선 전철) 노선도

다. 다른 지역에 비해 단독 주택이나 다세대, 빌라의 비율이 높은 것은 대규모 개발이 어렵기 때문입니다.

광주시의 입지는 수도권 중에서도 요지입니다. 대규모 개발은 없었지만 도로망만큼은 잘 갖추어져 있습니다. 제1·제2중부고속도로가 광주시를 관통하고, 성남·이천·여주·하남·양평 등지로 연결되는 다양한 도로망이 있습니다. 아마 광주시에 대해 좀 아는 분들은 이 도로망들을 통해 다른 지역으로 이동해본 경험이 있을 겁니다. 앞으로 광주시에 사람들의 관심이 높아질수록 도로망 역시 더 확장될 것입니다.

하지만 지난 몇 년 동안 광주시는 교통이 불편한 지역으로 평가되었습니다. 철도망이 없었기 때문인데요, 2016년 9월 24일 성남~여주 간 전철(경강선)이 개통한 후 교통에 대한 위상이 완전히 달라졌습니다. 특히 이매역에서 분당선과 판교역에서 신분당선과 환승이 되기 때문에 분당구뿐 아니라 남쪽으로 용인, 수원까지, 북쪽으로는 서울 강남구뿐 아니라 성동구, 심지어는 청량리역까지 연결되었습니다. 전철이 없던 지역에 이런 광역 전철망이 공급되면서 어떤 영향을 주게 되었는지는 경기광주역세권 지역의 최대 단지인 e편한세상광주역의 시세만 봐도 알 수 있습니다. 2016년 10월에 입주한 이 단지는 평당 1,050만 원에 분양했을 때 미분양이 났지만, 현재 평당 2,400만 원의 시세를 형성함으로써 경강선이

개통된 후 2배 이상 시세가 상승한 것입니다. 역세권 프리미엄이라는 것이 바로 이런 것이지요.

## 광주의 변화, 대규모 개발이 진행되다!

성남~여주 간 복선 전철 개발은 광주시의 새로운 발전 동력이 되고 있습니다. 이로 인해 신설 예정인 전철역 주변과 광주시 곳곳에 이전에 없던 대규모 개발이 추진되고 있기 때문입니다.

먼저 역동에 개발된 e편한세상광주역이 있습니다. 총 6개 단지 전체 2,122세대가 한 번에 공급되었습니다. 이 아파트를 개발하기 전에는 곤지암읍에 있는 킴스빌리지가 1,152세대로 가장 큰 단지였습니다. 그 다음이 오포읍의 대주파크빌 832세대, 탄벌동의 동보아파트 815세대 순이었습니다. 이 가운데 킴스빌리지는 소형 평형으로 이루어져서 대단지라고 할 수 없는 조건이었죠. 광주에는 1,000세대 넘는 단지가 들어오기 어렵지 않을까 하는 생각이 들기도 했습니다. 상주인구가 많지 않기 때문에 그 인구만으로는 대규모 단지를

태전아이파크(위)와 태전힐스테이트(아래) 조감도

소화할 수 없다는 분석 때문이었죠. 결국 대단지 개발을 위해서는 외부 지역으로 출퇴근하는 세대들이 들어와야 하는데, 그러기에는 교통편이 불편하다는 생각이 들었습니다. 인접한 지자체로 이동하려면 43번 국도, 45번 국도, 3번 국도 등의 도로망을 이용하는 방법이 유일하기 때문이죠. 전철망이 없다는 것이 이렇게 지역 발전에 큰 걸림돌이 됩니다.

그런데 이렇게 광주의 발목을 잡고 있던 전철망이 드디어 들어선 것이죠. 성남~여주 간 복선 전철이 개통함으로써 광주시는 자동차로만 접근할 수 있는 지역이 아니라 전철로도 진입 가능한 곳이 되었습니다. 광주시의 교통 환경이 획기적인 전환점을 맞이하게 된 것이죠. 더불어 성남 ~장호원 간 도로가 개통되었는데, 이 도로로 성남과의 접근성이 원활해졌습니다.

이러한 교통망의 확장을 바탕으로 드디어 광주에도 대규모 개발이 가능하게 되었습니다. 앞서 말씀드린 e편한세상광주역뿐만 아니라 태전·고산지구에 약 1만 2,000세대가 계속 입주하고 있습니다. 특히 태전지구에는 거의 같은 시기에 힐스테이트 3개 단지 4,252세대가 입주했습니다. 아이파크, e편한세상도 함께 입주했고요. 1군 브랜드 아파트들이 이렇게 대규모로 한꺼번에 개발된 것은 이 지역의 발전 가능성이 크다고 판단했기 때문입니다. 이 많은 주거 시설을 모두 수용할 수요층이 있다는 것이지요. 광주시 자체 수요는 물론이고 성남시, 서울 송파구 등 인근 지역에서의 유입도 지속적으로 이어지고 있습니다.

이제 광주시는 과거부터 광주시에 살던 사람들만의 지역이 아닙니다. 교통망이 확장되면서 지역의 쓰임새가 광역화되기 시작한 것이죠. 새로운 사람들이 유입되면 확실히 예전과는 다른 분위기를 만들어냅니다. 확장되고 있는 광주시를 이제 어떻게 봐야 할까요? 동네 이야기를 통해 광주시의 미래를 한 곳씩 살펴보겠습니다.

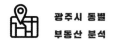
# 지역 영주의 자리를
# 유지하기 위한 노력

동네
이야기
1

## 광주시 행정 중심지 송정동(탄벌동, 목현동, 회덕동)

송정동(松亭洞)은 이 지역에 좋은 소나무가 많았고, 그 소나무 숲 사이에 왕실에서 관리하는 정자가 몇 군데 있었다고 해서 생긴 지명입니다. 왕실에서도 탐내던 입지였던 것이죠. 현재는 광주시청, 광주지방법원, 광주하남교육지원청 등의 공공기관이 모여 있습니다.

행정동 차원의 송정동에는 송정동, 탄벌동, 목현동, 회덕동 등 4개 법정동이 포함되어 있습니다. 말씀드린 대로 송정동은 광주시 행정의 중심지이고, 탄벌동은 송정동 내 주거의 중심지라고 보면 됩니다. 분당권이라고 할 수 있는 오포읍을 제외하면 광주시에서 상대적으로 아파트 시세가 높은 편입니다. 광주시 아파트의 평균 시세가 평당 800만 원 전후인데, 탄벌동에는 1,000만 원 넘는 아파트가 즐비하죠. 특히 벌원초등학교를 끼고 있는 경남아너스빌은 인기가 많습니다.

156

송정동 지도. 송정동 외에 탄벌동 일부와 목현동, 회덕동 등을 포함한다.

송정이라는 지명은 광주시 말고도 전국 곳곳에서 많이 사용합니다. 서울 성동구와 종로구에도 송정동이 있고, 부산 해운대구와 강서구에도 송정동이 있습니다. 광주광역시 광산구에도, 강원도 동해시와 강릉시에도, 경기도 이천시에도, 울산시 북구, 대전 유성구 등에도 송정동이 있습니다. 모두 같은 한자를 씁니다. 이렇게 많은 지역에서 송정이라는 지명을 쓰는

벌원초등학교(좌)와 경남아너스빌(우)

광주시청(좌)과 광주지방법원(우)

것은 당연히 지역 분위기가 유사하다는 의미겠죠? 동네 이름으로 다른 지역을 유추해보는 것도 재미있는 일입니다.

송정동은 광주시 전체가 발전하면 발전할수록 행정 타운으로서의 역할이 더욱 커지게 될 것입니다. 작은 지방에서는 행정 타운의 의미가 약하지만, 도시가 발전하게 되면 행정 타운은 그 지역 내에서 별도의 동네로 위상이 높아지기 때문입니다. 송정동은 쾌적한 주거지로서도, 행정과 관련된 업무지구로서도 관심을 가져볼 필요가 있는 곳입니다.

<table>
<tr><td>동네<br>이야기<br>2</td><td>## 역동의 변화를 주목하라! 경안동(역동, 쌍령동)</td></tr>
</table>

경안동은 광주시의 중심가입니다. 광주종합버스터미널이 있고, 이마트와 롯데시네마가 있습니다. 이 시설들을 광주시의 중심 시설이라고 보면 됩니다. 북쪽 목현천 방향으로는 광주공설운동장이 있습니다. 경안동을 남북으로 지나는 중앙로가 경안동의 중심입니다. 거의 모든 상업 시설이 이 도로에 밀집해 있죠. 광주지구축산농협이 있는 건물 주변이 가장 번화가입니다.

경안동에서 인기가 높은 주거 시설 중 하나로 경안대우아파트를 꼽을

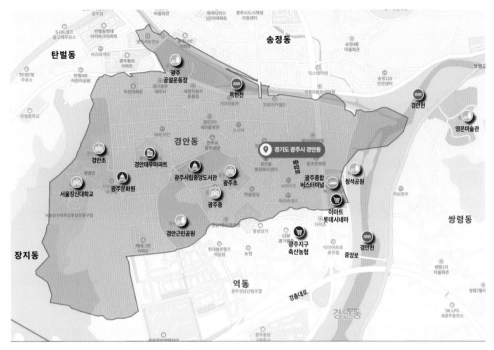

경안동 지도, 경안동 외에 역동과 쌍령동을 포함한다.

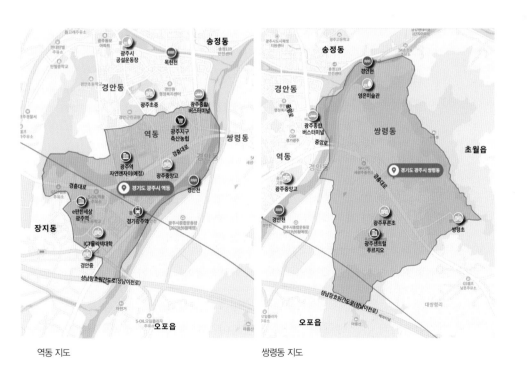

역동 지도

쌍령동 지도

경강선 경기광주역(좌)과 광주종합터미널(우). 이마트가 입주해 있다.

수 있는데요, 경안동의 번화가 분위기와 달리 전형적인 주거 지역과 학교 시설만 있는 곳이기 때문입니다. 걸어서 이동할 수 있는 거리 내에 경안 초등학교, 광주초등학교, 광주중학교가 있고, 광주 시립 도서관과 서울장신대학교가 있습니다. 경안근린공원과 광주문화원도 있습니다.

경안천 건너편은 쌍령동입니다. 광주시를 동서 방향으로 가로지르는 경충대로변으로 주거 지역들이 형성되어 있습니다. 경안천변에는 청석공원과 영은미술관이 있습니다. 주로 지나가는 길목에 형성된 마을이라 현재는 물류센터와 상가들이 산재해 있지만, 2017년 성남~장호원 간 도로가 개통하면서 우회도로로서 더 많은 사람이 찾고 있기도 합니다. 광주시에서 손가락 안에 드는 대단지인 광주센트럴푸르지오(2018년 4월 입주) 1,425세대가 가장 새 아파트입니다.

경안동에서 가장 기대가 되는 지역은 역동입니다. 이름에서 알 수 있듯이 과거에 파발마를 갈아탈 수 있는 역할을 하던 지역입니다. 논밭이 대부분이었고 아파트 단지도 없으며 기업체도 없는, 그저 교육 시설 몇 개만 덩그러니 있는 지역이었습니다. 그나마 유명한 부동산 시설로는 광

e편한세상광주역 조감도

주중앙고등학교, 경안중학교, ICT폴리텍대학 정도를 꼽을 수 있었죠. 하지만 2016년부터 분위기가 완전히 달라졌습니다. 철도 교통의 불모지였던 광주시에 복선 전철이 개통했다고 말씀드렸죠? 광주에 총 4개 역이 생겼는데 그중 하나가 바로 이 역동에 생겼습니다. 경기광주역이 그것인데요, 경기광주역의 개통과 함께 광주시 단일 개발 단지로는 가장 큰 e편한세상광주역이 공급되었습니다. 무려 2,200여 세대가 2016년 10월에 입주했죠.

전철역과 e편한세상광주역이 동시에 들어서자마자 역동은 단번에 행정동인 경안동의 중심 지역이자 광주시의 중심으로 변모했습니다. 전철망으로 연결된 분당과 판교에서도 관심을 가질 만한 주거 시설이 들어선 것입니다.

경안동의 상권은 앞으로 더 활성화될 것으로 보입니다. 경기광주역과 e편한세상광주역 사이에 대규모로 개발되는 택지에 여러 가지 업무 시설이 입주하는 시점에는 분명 몇 단계 더 업그레이드될 것입니다.

## 광주시 개발의 중심, 광남동(태전동, 장지동, 삼동)

광남동은 광주에서 남쪽에 있다고 하여 생긴 지명입니다. 3번 국도와 45번 국도가 교차하는 곳에 위치해서 도로 교통이 매우 편리합니다. 특히 45번 국도 주변으로 대규모 택지지구가 개발되었고, 지금도 계속 개발 중입니다. 장지동과 태전동에는 많은 단지가 들어서 있는데요, 개발이 많이 이루어진 만큼 광주시에서는 유일하게 신도시 분위기가 납니다. 그래서 가장 선호하는 주거 지역입니다. 2017년 8월 입주한 태전아이파크, 2017년 9월 입주한 e편한세상태전 2차, 2017년 9월 입주한 힐스테이트 태전 5지구, 2017년 10월 입주한 힐스테이트태전 6지구 등 태전지구에는 앞으로도 계속 아파트 단지들이 들어설 예정이어서 광주시의 대표적인 신시가지로 집중적인 관심을 받을 것으로 예상됩니다.

광남동에서 유일하게 전철역이 들어설 삼동은 역세권이 되었다는 이유만으로도 관심을 가질 필요가 있습니다. 지금은 우남퍼스트빌만 있지만, 여러 가지 부동산이 지속적으로 공급될 것입니다. 태전동은 가장 많은 신규 아파트가 공급되는 지역으로 관심을 가질 필요가 있습니다.

태전파크자이 조감도

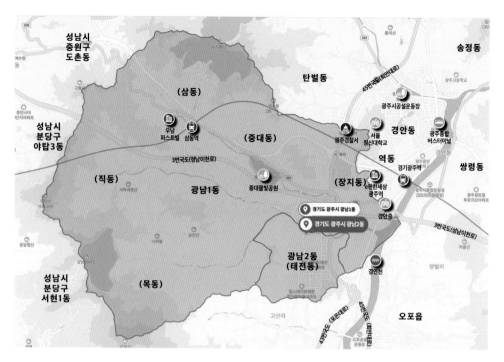

광남동 지도. 크게 광남 1동과 2동으로 나뉜다. 광남 1동에는 장지동, 삼동, 중대동, 목동, 직동이 포함되고, 태전동을 광남 2동이라 부른다.

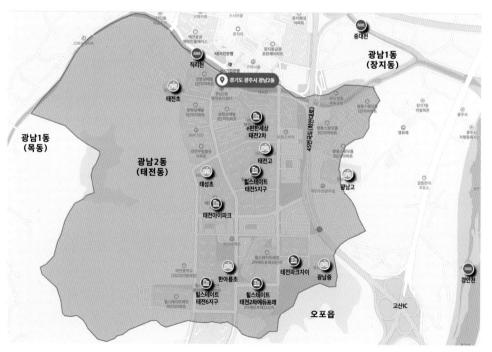

광남 2동 지도

장지동은 경안동과 태전동의 생활권을 동시에 누릴 수 있는 곳이고, 3번 국도와 45번 국도가 만나는 지점이라는 이유만으로도 많은 사람이 계속 찾게 될 곳입니다.

## 동네 이야기 4 | 가성비 최고의 지역, 초월읍

초월읍의 주산은 해발 578m의 무갑산입니다. 무갑산은 임진왜란 때 일본군에게 항복할 것을 거부한 무인들이 살았다고 하여 생긴 이름이라고 합니다. 초월읍의 중앙부를 남북으로 중부고속도로가 지나는데, 이 중부고속도로를 기준으로 동쪽이 무갑산이 있는 산지 지형이고, 서쪽이 주요 생활권 지역입니다. 이곳에는 아주 양질의 논밭이 있으며, 곤지암천과 3번 국도 주변으로 아파트 단지들이 꽤 많이 밀집되어 있습니다.

초월읍은 전형적인 농촌입니다. 광주시에서는 가장 넓은 평야를 가지고 있고, 산과 물이 적절히 어우러져 풍수적으로 아주 기운이 좋습니다. 실거주로는 이보다 더 쾌적한 환경이 없겠지만, 이 쾌적성이 단점이 되기도 합니다. 광주 자체가 접근성이 좋지 않은데, 한가운데 있다 보니 외부에서의 접근성이 가장 떨어지는 것이죠.

이런 초월읍에도 변화의 물결이 생겼습니다. 접근성 문제가 개선되었거든요. 그것도 철도망과 도로망이 동시에 들어섭니다. 성남~여주 간 복선 전철의 초월역이 생겼으며, 성남~장호원 간 IC도 생겼습니다. 접근성이 매우 좋아진 것이죠.

초월읍은 광주시에서 가장 시세가 낮은 지역이었습니다. 실거주 편의만 놓고 보자면 가성비가 가장 좋은 곳이었죠. 교통 문제가 큰 폭으로 개

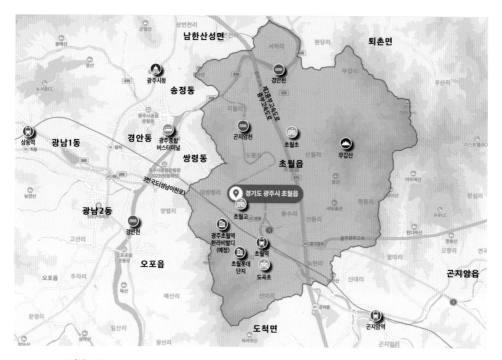

초월읍 지도

선되어 최근 많은 사람이 유입되자 시세가 계속 상승하고 있습니다. 평당 1,000만 원이 넘는 아파트가 하나도 없었는데, 초월역이 개통한 이후로 꾸준히 아파트 시세가 오르더니 이제 평당 1,400만 원이 넘는 단지들이 속출하기 시작했습니다. 호재가 생기면 가장 좋은 입지부터 오르게 됩니다. 어떤 아파트냐고요? 초월읍에서는 역이 들어서는 곳을 확인하고, 교육 환경이 가장 좋은 곳을 찾으면 됩니다. 도곡초등학교를 끼고 있고 초월역 앞에 위치한 초월롯데캐슬과 초월롯데낙천대 2단지가 가장 좋은 위치라고 판단되네요. 이런 식으로 초월읍의 부동산 입지를 분석해보는 것도 재미있을 겁니다.

문제를 하나 내볼까요? 초월읍에는 현재 10년 차 이하 새 아파트가 없습니다. 2023년 4월 입주하게 될 광주초월역한라비발디가 더 시세가

무갑산

높아질까요? 아니면 여전히 초월역 초역세권인 초월롯데 2개 단지의 시세가 더 비쌀까요? 이것이 현재 부동산 시세를 분석하는 하나의 키가 될 것입니다.

## 동네 이야기 5 | LG의 지역, 곤지암읍

'곤지암' 하면 가장 먼저 소머리국밥이 생각납니다. 소머리국밥은 밥에 소머리 고기를 얹고 뜨거운 사골 국물을 부어 먹는 음식입니다. 경기도 광주는 예로부터 경상도 지방에서 과거 보러 한양에 갈 때 반드시 지나야 하는 길목이었는데, 이곳에서 숙식할 때 주식으로 먹던 음식이 바로 소머리국밥이었습니다.

곤지암에는 지명과 관련한 유적지가 하나 있습니다. 바로 신립 장군

초월롯데캐슬(위)과 광주초월역한라비발디 조감도(아래)

묘입니다. 신립 장군은 조선 중기에 활약한 무인입니다. 임진왜란 때 일본군에게 참패를 당하고 자결했지만, 북방 침입 세력을 격퇴하여 이름이 높았습니다. 곤지암이라는 바위는 바로 이 신립 장군에 얽힌 설화의 주인공입니다. 설화에 따르면 신립 장군의 원혼이 이 바위에 서리게 되었는데, 바위가 지역 주민들에게 불편함을 끼치게 되자 하늘에서 벼락을 내려 바위를 두 쪽으로 쪼갰다 합니다. 그 자리에 연못이 생기면서 비로소 바위의 원한이 없어졌다는 이야기인데요. 이때 생긴 연못을 곤지라 하였고, 바위 옆의 연못이 마을의 이야깃거리가 되면서 이 지역 자체를 곤지암이라 불렀다고 합니다. 물론 설화에서 비롯되었다기보다는 신립 장군의 용맹함과 의리를 곤지암이라는 지명으로 나타낸 것이 아닌가 싶습니다.

곤지암읍 바로 옆 도척면에는 곤지암 리조트가 있습니다. LG에서 운영하는 명품 리조트로, 골프장과 스키장, 콘도 시설 모두 훌륭합니다. 특히 화담숲이라고 하는 인공 정원은 대한민국 최고라는 평가를 받습니다.

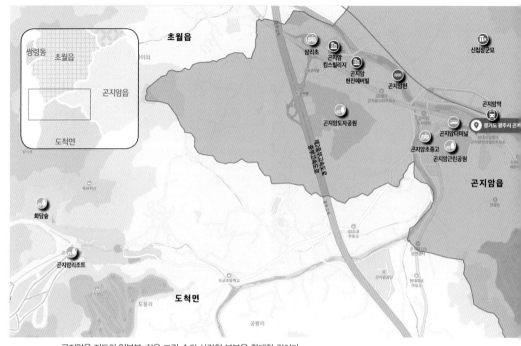

곤지암읍 지도의 일부분. 작은 그림 속의 사각형 부분을 확대한 것이다.

곤지암에 서린 신립 장군의 원혼이 편히 쉴 수 있도록 조성한 것은 아닐까 하는 생각을 해봅니다.

곤지암읍에는 주거 시설이 많지 않습니다. 하지만 한때 광주에서 가장 큰 단지였던 곤지암킴스빌리지(1,152세대)가 있다는 이유만으로도 주목을 받을 수 있는 곳입니다. 이름에서 눈치 채셨는지도 모르지만 곤지암킴스빌리지는 과거 뉴코아에서 시공한 아파트입니다. 곤지암킴스빌리지 옆에는 곤지암현진에버빌이 있습니다. 주변에 곤지암청소년수련원도 있고, 삼리초등학교도 있습니다. 북쪽으로는 곤지암천에 접하고 있고, 길 건너편에는 곤지암도자공원이 있어 늘 사람이 붐비고 활기찹니다. 곤지암읍에서는 시세가 높은 곳 중 한 곳이지요.

번화가는 곤지암터미널 주변입니다. 곤지암근린공원을 중심으로 터

곤지암리조트(위)와 화담숲(아래)

곤지암도자공원

미닐과 아파트 단지들이 배치되어 있고, 곤지암초·중·고등학교가 모두 있어 교육 환경이 좋으며, 하나로마트 등의 생활편의 시설도 있어서 곤지암에서는 가장 살기 좋은 곳 중 한 곳이랍니다.

곤지암읍은 골프장이 많기로도 유명합니다. 무려 6개의 골프장이 있고, 이 골프장을 이용하는 분들을 위한 상가와 식당이 많습니다. 지역 내에 대형 리조트나 골프장이 많다면 이런 상업 시설에 관심을 가져보셔도 좋습니다.

한편 곤지암읍에도 전철역이 생겼습니다. 광주시의 네 번째 역인 곤지암역이죠. 곤지암역으로 인해 이 지역도 다른 모습으로 발전해나갈 것입니다. 곤지암리조트를 찾는 사람들이 더 많아지면서 상권이 활성화되고 여러 가지 시설도 생겨나겠죠?

## 동네 이야기 6 | 분당이고 싶은 오포읍

역동과 태전동에 새 아파트들이 입주하기 전까지 광주시에서 가장 비싼 아파트는 오포e편한세상 2차였습니다. 주변에 학교도 많지 않고 전철도 없고 이렇다 할 편의 시설도 없는 이곳이 가장 비싼 이유는 딱 하나였습니다. 바로 분당 생활권이었기 때문입니다. 광주시 중심지보다 오히려 분당 중심지에 더 가깝기 때문에 아파트 시세마저 분당구에 가까웠습니다.

그런데 오포읍 전체 평균을 따지면 오히려 광주시 평균 시세보다 낮습니다. 왜 그럴까요? 이는 오포읍이 지역적으로 분리되어 있기 때문입니다. 분당권이라 할 수 있는 지역과 광주권이라 할 수 있는 지역으로 양분되며, 이 두 지역 간의 시세 차익이 엄청나거든요.

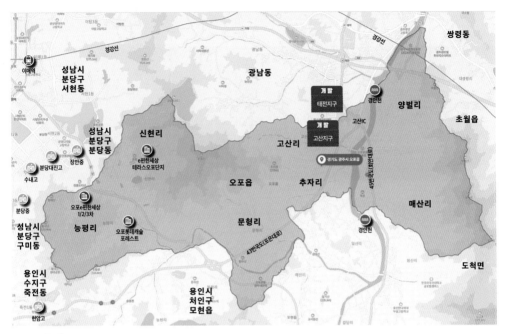

오포읍 지도

오포읍에서 신현리, 능평리, 문형리 쪽은 분당의 중학교와 고등학교를 배정받을 수 있습니다. 당연히 분당 학군에 속하는 신현리의 아파트들이 평당 1,500만 원 정도로 광주시에서 가장 비쌉니다. 반면 고산리, 추자리, 매산리, 양벌리 등에 있는 아파트들은 시세가 저렴합니다. 평당 500만~600만 원 정도로, 같은 오포읍임에도 2배 이상의 차이가 나죠. 따라서 오포읍은 철저하게 2개의 권역별로 접근하셔야 합니다.

오포읍 대부분 지역이 상수원 보호구역이기 때문에 대규모 개발이 거의 불가능합니다. 중소 규모의 개발이 많을 수밖에 없죠. 분당 인접성을 바탕으로 20여 개의 중소 규모 아파트 단지가 있으며, 이는 광주시에서 가장 많은 수입니다. 신축 빌라 사업도 활성화되었는데, 분양이 잘 되고 임대도 잘 나갑니다. 분당 등 외부 지역으로의 출퇴근 수요도 많지만, 오포읍 내에 제조업체가 꽤 많습니다. 지역 내 수요 역시 많다는 것이지요.

오포읍의 신축 빌라들

    오포읍은 광주에서는 주거 환경이 가장 좋은 곳 중 한 곳입니다. 북쪽의 태전지구과 오포읍 내 고산지구에 아파트들이 지속적으로 공급되면, 주변 지역도 정비되고 도로망이 좀 더 확보될 것이기 때문에 앞으로 더 좋아질 것입니다. 그렇게 되면 2개 권역의 시세 차이가 조금은 줄어드는 여지가 생기는 것이죠. 그래서 오포읍은 분당권이든 광주권이든 모두 관심을 가져야 합니다.

오포e편한세상 2차

오포라는 말은 경안천 주변에 5개의 보가 설치된 마을이라는 의미입니다. 앞서 밝힌 대로 경안천이 상수원 보호구역으로 지정되어 있어서 앞으로도 대규모 개발은 어렵겠죠. 다만 작은 것들이 쌓이고 쌓이게 되면, 대형 개발과 동일한 효과가 발생하기도 한답니다. 오포읍은 그런 누적 효과를 기대볼 만한 지역입니다.

# 광주시의 대규모
# 개발지를 주목하라

현재 광주시에는 대규모 개발이 완료되었거나 진행 중에 있습니다. 역동지구, 태전지구, 고산지구, 탄벌지구 등이 그것이죠. 이러한 택지지구가 계속 개발되는 이유는 현재의 규모로는 광주시에 대한 수요를 해소할 수 없기 때문입니다. 대규모로 주택을 공급함으로써 주택난을 해결하려는 지자체의 노력인 것이죠. 과거 서울 수요의 폭발적인 증가로 5대 신도시를 개발했던 것과 같은 이치입니다.

광주시 대부분이 상수원 보호구역과 자연환경 보존 지역으로 지정되어 있어서 개발 지역을 선정하는 것 자체부터 매우 어려웠을 겁니다. 하지만 일단 개발 지역이 지정되고 추진만 된다면, 청정 지역이라는 환경 쾌적성을 밑바탕에 두고 시작하는 셈이 됩니다. 기존 신도시에서는 가질 수 없었던 조건을 하나 더 가지고 시작하는 것이죠. 현재 태전지구, 역동지구, 고산지구, 탄벌지구 등은 모두 환경 쾌적성이 좋은 입지입니다. 특히 태전지구와 고산지구 쪽은 조선시대부터 알아주는 자연환경을 갖추

광주시 행정 구역과 개발지구 위치

고 있지요. 탄벌지구와 역동지구는 자연환경에 교통 환경까지 좋아지는 곳이라고 기대하면 됩니다. 광주시의 대규모 개발지를 주목해야 하는 이유가 바로 여기에 있습니다.

### 광주시의 미개발지를 주목하라!

그렇다면 광주시는 대규모 개발 예정 지역에만 관심을 가져야 할까요? 아닙니다. 그 반대의 입지, 즉 개발할 수 없는 지역도 관심을 가질 필요가 있습니다. 광주는 원래 개발지로 유명한 곳이 아니라 서울 근교의 쾌적한 주거·상업·휴양·업무지로서 유명했던 곳입니다. 대형 개발을 하게 되면 대형 개발지로서의 역할을 해야 합니다. 따라서 기존의 목적을 수행하는 지역의 쓰임이 더 부각될 수 있습니다. 대형 개발지는 외부 수요가 있어야 활성화되겠지만, 기존의 미개발지는 내부 수요가 더 몰리게 되어 오히려 더 관심을 받게 될 테니까요.

동 지역이 아님에도 초월읍, 도척면, 곤지암읍 등을 계속 소개해드린 이유가 여기에 있습니다. 미개발지에 교통이 편리해지는 입지를 주목하세요. 오히려 활용도가 더 높을 수 있으니까요.

### 광주시의 교통 변화를 주목하라!

광주시의 본격적인 변화는 교통 여건이 개선되면서부터 시작되었습니다. 중부고속도로 개통으로 현대적 의미에서의 광주시가 시작되었고, 앞으로는 철도망이 추가됩니다. 분당과 연결되는 이 전철망은 광주시의 접근성을 획기적으로 개선할 것입니다. 1시간 넘게 걸리던 강남과의 거리를 30

서울~세종 간 고속도로 노선도(위) / 이천~오산 간 고속도로 노선도(아래)

분 이내로 좁힐 수 있으니까요.

앞으로 서울~세종 간 고속도로가 광주시를 지나갈 예정입니다. 오포 IC를 통해 서울, 구리뿐 아니라 세종시까지 갈 수 있습니다. 성남~장호원 간 고속도로(성남이천로)가 개통되어 동서 도로망도 좋아졌습니다. 경기도 화성시와 광주시를 연결하는 이천~오산 간 고속도로의 민간 투자 사업도 본격화되었습니다. 이 도로가 개통하면 동탄뿐만 아니라 오산까지도 연결되지요. 이 도로는 제2수도권순환고속도로와도 연결되기 때문에 경부선과 영동선으로의 접근성까지 확보하게 됩니다. 그렇게 되면 광주시는 수도권의 거의 모든 지역에서 관심을 가질 만한 조건을 갖추게 됩니다.

광주시는 향후 5년 내에 하남과 더불어 서울 강남권과 판교의 새로운 대체 주거지로서의 역할이 큰 폭으로 증가하게 될 것입니다. 광주시는 이제 더 이상 분당만을 뒷받침하는 베드타운이 아닙니다. 서울의 수요를 받아주는 광역 지역이 될 것입니다.

# =학교, 리조트, 골프장이 공간의 가치를 결정한다

## 학군은 부동산의 가장 중요한 프리미엄입니다!

광주시는 경기도 내 고등학교 비평준화 지역입니다. 시험을 보고 고등학교를 선택하는 지역이지요. 비평준화 지역에서의 고등학교 위치는 평준화 지역만큼 중요하지 않습니다. 하지만 일반적으로 초등학교와 중학교가 있고, 학원가가 형성되어 있는 지역이 상대적으로 공부를 잘할 확률

광주광명초등학교

곤지암리조트

이 높습니다. 비평준화 지역에서는 초등학교, 중학교, 학원가의 입지가 학군으로 인한 프리미엄을 노릴 수 있는 지역이 되겠지요.

광주시는 성남시, 특히 분당구와 맞닿아 있다는 교육 프리미엄이 있습니다. 오포읍의 신현리, 능평리, 문형리 지역은 분당구의 중학교를 갈 수 있는 곳입니다. 대형 아파트 단지가 없음에도, 초등학교가 거의 없음에도 불구하고 다세대·빌라까지 인기가 많은 이유는 바로 이 교육환경 덕분입니다.

### 도심형 대형 리조트의 주변지역을 주목하라!

광주시 도척면에는 곤지암리조트가 있습니다. 골프장, 스키장, 삼림욕장, 콘도 등을 갖춘 알찬 리조트죠. 이 리조트의 장점은 대기업이 운영한다는 면도 있고, 시설 자체가 고급스럽다는 것도 있지만, 무엇보다 서울에서 가장 가깝다는 것이 가장 큰 장점입니다. 지역 내에 리조트가 들어오면, 특히 사계절 이용 가능한 리조트가 개발되면 주변 상권이 확 살아납니다. 도척면과 곤지암읍의 주요 상권 중에는 곤지암리조트의 영향을 받는 상권이 꽤 많습니다. 지역 상권이 발달하면 부동산 가치도 올라갑니다. 유동인구도 많아지고요. 접근성이 좋은 지역의 리조트는 여러 가지로 유리한 것이죠. 대형 리조트가 개발될 경우 그 주변지역을 주목해야 합니다. 상업 시설이든 주거 시설이든 긍정적인 효과를 얻을 수 있으니까요.

그린힐CC 14번홀 호수 전경

## 골프장 주변 지역에 관심을 가져보세요!

그동안 골프장은 소수 이용객만을 위한 시설로 평가를 받아온 것이 사실입니다. 하지만 골프장이 해당 지역에 주는 이득을 따져보면, 골프장이 있는 것이 무조건 유리합니다. 일자리를 제공할 뿐만 아니라 방치해둔 부동산을 활용한다는 것 자체만으로도 충분한 가치가 있습니다. 골프장과 연계된 주거 시설이 개발된다면 더 관심을 가질 필요가 있습니다. 골프장 조망권이 확보될 경우, 아파트의 프리미엄이 더 높아지기 때문입니다. 상권에 도움을 주는 것은 물론입니다. 광주시에는 수많은 골프장이 있습니다. 그 주변 지역의 부동산부터 검토해보길 추천합니다.

풍 수
이야기

# 남한산성

조선 후기 이중환이 쓴 조선 최고의 인문지리서 《택리지》에서는 광주를 단순히
살기 좋은 곳이라고 표현하고 있습니다. 광주를 대표하는 문화 유적이자 군사 시
설인 남한산성을 거론하지 않은 것은 병자호란 때 겪은 오욕의 역사를 지우기 위
한 방편이 아니었을까 생각합니다. 조선의 왕이 무릎을 꿇고 땅에 머리를 찧으며
적군의 장수에게 선처를 구걸했던 치욕적인 사건이 남한산성과 관련을 맺고 있거
든요.

하지만 치욕의 역사도 우리 역사의 한 부분입니다. 치욕만을 생각할 것이 아니
라, 왜 그런 일이 일어났는지, 그 일과 관련한 인물로는 누가 있고, 어떤 지역에서
일어났는지 함께 생각해보면서 타산지석으로 삼는 것이 보다 현명한 처신일 것입
니다.

인조는 반정을 일으켜 광해군을 몰아내고 왕위에 올랐습니다. 저는 인조를 우
리 역사상 가장 국익에 도움이 안 된 왕이라고 평가하고 싶습니다. 병자호란이 일
어나 군세가 밀리자 인조와 조정 대신들은 남한산성으로 피신했습니다. 이곳에
숨어 지내며 우왕좌왕하는 동안 우리 백성과 영토는 청나라 군사들에게 유린당했
습니다. 그래서 남한산성은 그 치욕의 역사적 무대로 등장하고는 합니다.

남한산성에게는 아무런 잘못이 없습니다. 백제 시절에는 근초고왕의 성지로

남한산성 서문(좌)과 남한산성 행궁(우)

서 큰 역할을 했고, 통일신라, 고려 때에도 지역의 군사적 요충지로 역할을 다했습니다. 병자호란 때도 인조가 45일간 버틸 수 있을 정도로 견고한 성이었습니다. 성곽을 점령당해 인조가 항복한 것이 아니었던 것이죠. 그만큼 남한산성은 입지적으로 뛰어난 곳입니다.

지금 남한산성은 군사적 의미보다는 관광지로서, 또 문화 유적지로도 우리에게 공헌하고 있습니다. 2014년 세계문화유산으로 지정될 만큼 문화재로서의 가치도 높고 자연환경이 뛰어나기 때문에 남한산성 주변에 있다는 것만으로도 부동산은 나름의 가치를 지니게 됩니다. 지역 주민들이 자발적으로 자랑하고 싶어 하는 부동산이 많을수록 지역 가치가 올라갑니다. 서울이 가장 비싼 지역인 이유가 자랑하고 싶은 부동산이 많기 때문이지요.

따라서 널리 자랑하고 싶은 부동산을 만드는 것도 하나의 개발 방향이 될 수 있습니다. 문화재도 좋고, 새로운 부동산 시설도 좋습니다. 여기에 사람들을 끌어당길 만한 스토리를 입힐 수 있다면, 그것이야말로 완벽한 개발사업이 아닐까 생각합니다.

# 교육 환경을
# 딱 10분만
# 따져보세요

해마다 선정하는 10대 히트 상품 중 하나로 에너지 음료가 선정된 적이
있습니다.

　편의점에 가보면 음료수를 진열해놓은 냉장고에 핫식스, 레드불 등의 에너지
음료가 가장 눈에 잘 띄고 가장 많은 공간을 차지하고 있음을 알 수 있습니다. 개
인적으로 에너지 음료를 좋아하지 않아서 마셔본 적이 없지만, 요즘 10대들은 무

척 애용하더군요. 한 가
지 에너지 음료만 먹는
게 아니라 몇 가지를 섞
어서 강도를 높이는 경우
도 있다고 합니다.

　문제는 이 에너지 음
료들이 실제로는 건강에
도움이 안 된다는 사실입

편의점 냉장고의 음료들

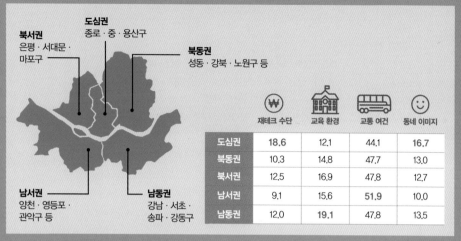

**지역에 따라 다른 거주지 선택 포인트**(단위: %)

**북서권**
은평 · 서대문 · 마포구

**도심권**
종로 · 중 · 용산구

**북동권**
성동 · 강북 · 노원구 등

**남서권**
양천 · 영등포 · 관악구 등

**남동권**
강남 · 서초 · 송파 · 강동구

| | 재테크 수단 | 교육 환경 | 교통 여건 | 동네 이미지 |
|---|---|---|---|---|
| 도심권 | 18.6 | 12.1 | 44.1 | 16.7 |
| 북동권 | 10.3 | 14.8 | 47.7 | 13.0 |
| 북서권 | 12.5 | 16.9 | 47.8 | 12.7 |
| 남서권 | 9.1 | 15.6 | 51.9 | 10.0 |
| 남동권 | 12.0 | 19.1 | 47.8 | 13.5 |

(출처: 서울시)

니다. 일시적인 각성 효과만 일으키는 카페인 덩어리인 거죠. 카페인을 장기적으로 복용하면 오히려 건강을 해치는 결과를 낳습니다.

저는 에너지 음료가 히트를 친 사례를 보면서 이 시대를 살아가며 각성 상태를 가장 필요로 하는 이들이 누구인지 생각해보았습니다. 결론은 10대 청소년들이었습니다.

10대와 10대를 자녀로 둔 가정의 가장 큰 관심사는 당연히 교육 문제입니다. 요즘에는 대입을 앞둔 고등학생만이 아니라 초등학교, 아니 유치원에 들어갈 때부터 교육과 관련한 스트레스가 시작됩니다. 잠을 쫓기 위해, 맑은 정신을 유지하기 위해 우리 아이들이 에너지 음료의 유혹에서 벗어나지 못하는 겁니다. 유치원생들도 에너지 음료를 즐겨 마신다는 뉴스를 본 적이 있습니다. 어린아이들조차 각성 효과를 필요로 하는 것이에요. 그래서 더 걱정이 됩니다.

학자녀를 둔 가정에서는 교육에 대한 관심이 가장 높기 때문에 주거 시설을 선택할 때에도 교육 환경이 가장 중요한 고려 대상이 됩니다. 그래서 중요하게 생

**연도·지역별 고교평준화 진행 과정**

| 연도 | 고교평준화된 지역 |
|---|---|
| 1974 | 서울·부산 |
| 1975 | 대구·인천·광주(전남) |
| 1979 | 대전·전주·마산(통합 전)·청주·수원·춘천·제주 |
| 1980 | 창원(통합 전)·성남·원주·천안·군산·익산·목포·안동·진주 |
| 2000 | 울산·군산·익산 |
| 2002 | 과천·안양·군포·의왕·부천·고양 |
| 2005 | 목포·순천·여수 |
| 2006 | 김해 |
| 2008 | 포항 |
| 2013 | 강릉·원주·춘천 |
| 2015 | 용인 |
| 2016 | 천안 |
| 2017 | 세종 |
| 2019 | 거제 |
| 2021 | 충주(예정) |
| 2022 | 아산(예정) |

각한 것이 고등학교 학군이었습니다. 쉽게 말해서 서울대학교에 학생을 많이 보내는 고등학교로 배정받을 수 있는 주소지가 필요했던 것이죠.

하지만 고교평준화 정책을 시행하기 전에는 고등학교에 진학할 때 학생이 학교를 선택하고 시험을 치렀기 때문에 거주지와 학교의 상관관계가 거의 없었습니다. 지금도 지방에는 비평준화 지역이 더러 남아 있습니다. 이참에 고교평준화의 역사를 한번 살펴보겠습니다. 위의 표를 참고해주세요.

교육 환경을 평준화 여부로 판단할 때 참고하시라고 표로 정리했습니다. 전국 거의 모든 지자체가 고교평준화를 시행하고 있기 때문에 이제는 교육 환경을 평가하는 요소로 적절하지 않을 수 있습니다.

그렇다면 교육 환경을 평가할 때 추가적으로 무엇을 살펴보아야 할지를 우리나라 교육 현실을 가장 보여주는 서울 지역을 사례로 한 번에 쭉 설명해드리겠습니다. 서울 지역에 대해서 이해하고 나면 다른 지역들에 대해서는 스스로 분석할 수 있으리라 생각합니다.

## 교육 환경을 평가할 때 살펴야 할 요소들

교육 환경은 크게 학교 인접성 지역과 학원 인접성 지역으로 나눌 수 있습니다. 학교 인접성은 다시 초등학교/중학교/고등학교로 나누어 생각해야 합니다. 다만 비평준화 지역은 고등학교 인접성은 크게 고려할 사항이 아닙니다. 서울대학교에 학생을 많이 보내는 과학기술고등학교와 대원외국어고등학교 옆에 산다고 해서 그 학교에 갈 수 있는 것은 아니니까요.

좀 더 세부적으로 말씀드리겠습니다.

소위 말하는 '뺑뺑이', 다시 말해서 현재 등록된 주소지로 배정받을 수 있는 고등학교가 결정되는 지역은 학군이라는 것이 유효합니다. 대표적인 지역이 '8학군'으로 분류되는 강남구와 서초구 지역입니다. 이처럼 학군이 좋은 지역은 대체로 그 지자체 내에서 가장 비싼 지역일 가능성이 큽니다. 서울 이외의 지역 중 대구의

**서울의 대표적인 학원가인 대치동과 중계동 입지 현황**

|  | 대치동 | 중계동 |
|---|---|---|
| 위치 | 강남구 대치동 | 노원구 중계동 |
| 형성 시기 | 1980년대 후반 | 2000년대 초반 |
| 주 업종 | 단과학원, 커피숍, 패스트푸드점 등 | 종합학원, 마트, 은행 등 |
| 배후 주거지 | 대치동 일대 아파트 | 중계동 일대 아파트 |
| 점포 위치 | 청실상가, 대치역(3호선), 은마아파트 입구 사거리 | 은행사거리 |
| 상권 특성 | 회전율 높은 업종 강세 | 생활밀착형 업종 혼재 |
| 임대료 (3.3㎡당/원) | 155만 | 138만 |
| 보증금 (3.3㎡당/원) | 3,100만 | 3,260만 |

수성구도 마찬가지고, 7학군으로 분류되는 목동을 중심으로 한 강서·양천구 지역은 중학교 학군으로 유명합니다. 강남권 중학교보다 더 많은 학생을 특목고에 보내기 때문입니다. 지금은 오히려 고등학교 학군보다는 중학교 학군을 더 중요하게 여기는 추세입니다.

양천구 목동도, 강남구 대치동도 학원가로 유명하지만, 이 지역은 학교/학원이 동시에 영향력을 발휘한다고 볼 수 있습니다. '더블 역세권'처럼, 학군도 좋고 학원가도 잘 형성된 지역은 '더블 교육 환경권'이라고 생각하면 됩니다. 역시 부동산 가치에 프리미엄이 붙을 수밖에 없죠.

평준화 지역에서는 좋은 대학교/고등학교에 많이 보내는 고등학교/중학교가 많은 지역이 좋은 지역인 동시에 비싼 지역입니다. 당연한 이야기죠. 아울러 좋은 학원가가 발달한 지역 역시 좋고 비싼 지역입니다. 특히 서울을 제외한 지역의 경우, 학원가 유무는 더욱 중요합니다. 상대적으로 부족한 공교육 역량을 학원이 채워주어서 그만큼 학원 의존도가 더 높아지기 때문입니다. 교육에 관심이 많은 분들은 확실히 느낄 것이라고 생각합니다. 특히 비평준화 지역이라면 더더욱 그렇겠죠?

마지막으로 유명 고등학교나 중학교가 없고 유명 학원도 없는 지역은 어떤 교육 환경을 살펴봐야 할까요?

이렇게 수준이 비슷한 학교들이 포진해 있는 지역은 단순히 학교 접근성만 보면 됩니다. 학교와 가까운 곳이 장땡입니다. 이런 지역에서는 초등학교와 중학교와의 인접성이 매우 중요합니다. 특히 초등학교의 경우 집에서 가까우면 가까울수록 좋습니다. 가급적이면 자동차 도로를 건너지 않는 입지가 좋겠죠.

최근에는 부동산 관심층의 연령이 점점 낮아지고 있습니다. 그래서 좋은 유치원이나 유아 보호 시설의 유무와 인접성을 따지는 분들이 대단히 많아졌습니다. 당연히 지금부터는 지역을 분석할 때 그 지역에서 갈 수 있는 미취학 아동을 위한 시설 유무까지도 반드시 챙겨야 합니다.

이 정도만 생각해봐도 그 입지의 교육 환경이 좋은지 그렇지 않은지에 대해서 판단할 수 있을 것입니다. 같은 지자체 내에서도 교육 환경과 조건이 조금이라도 더 나은 곳을 찾는 것이 올바른 부동산 투자입니다. 이 사소한 차이가 부동산 가치의 차이를 만들어내니까요.

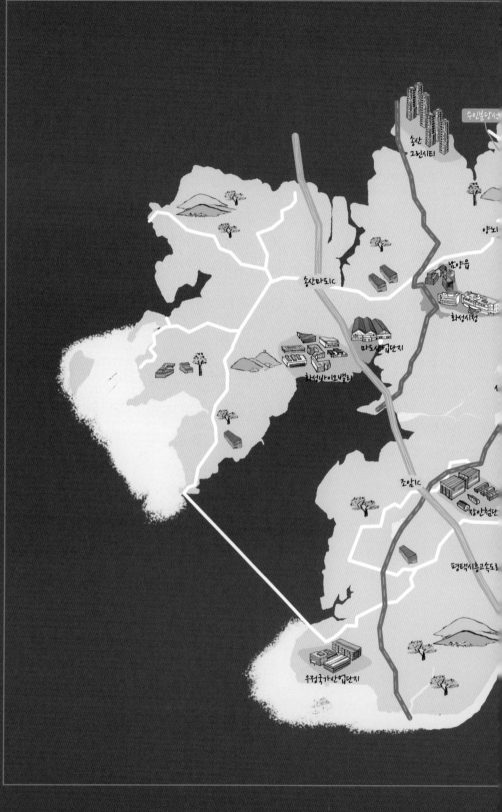

# Chapter 13

# 수도권 최대 발전 예상 지역인
# 화성시 이야기

# 신도시의 끝판왕, 동탄 신도시의 화성시

1기 신도시의 대장은 분당입니다. 약 9만 세대를 수용하기 위해 건설한 신도시로, 1기 신도시 중에서 규모가 가장 큽니다. 일산, 중동, 평촌, 산본 순으로 그 뒤를 잇고 있죠. 2기 신도시의 대장은 규모만 놓고 본다면 단연 동탄2 신도시입니다. 무려 12만 세대를 위한 공동 주택이 건설되고 있고, 동탄1 신도시에는 이미 5만 세대가 입주해 있습니다. 2개의 동탄 신도시에 공급된 주택을 합치면 17만 세대로, 3인 가족으로 환산해도 50만 명이 동탄 신도시에 살게 되는 셈입니다. 동탄 신도시만으로도 안양시만 한 규모의 새로운 대도시가 생기는 것입니다.

그러나 동탄이 화성시의 전부가 아닙니다. 동탄은 화성시에 속한 몇 개의 행정동에 불과합니다. 화성시에는 총 4개의 읍과 9개의 면, 15개의 행정동이 있습니다. 경기도 남부를 대표하는 거대 도시가 되어가고 있는 것이죠. 게다가 기존 신도시처럼 베드타운 성격이 강한 것이 아니라, 대단히 많은 기업체가 활발하게 산업 활동을 펼치고 있는 말 그대로 자급자족형 대도시입니다. 규모뿐 아니라 서울에 대한 의존도가 크지 않다는 사

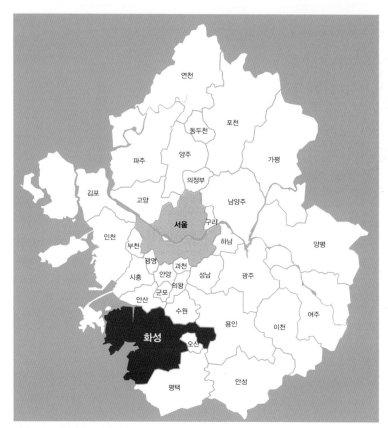

경기도·수도권에서의 화성시 위치

실만으로도 반드시 관심을 가져야 하는 곳입니다.

### 왜 화성(華城)은 수원에 있고, 수원대학교는 화성에 있을까?

'왜 화성은 수원시에 있고, 수원대학교는 화성시에 있을까?'

정답은 수원과 화성이 과거에는 같은 행정 구역이었기 때문입니다. 수원대학교가 있던 지역이 화성시로 분리되면서 화성시에 수원대학교가 있게 된 것이죠. 이처럼 수원이라는 거대한 지자체는 인구가 증가함에 따라 여러 지자체로 분리되었습니다. 수원시로 편입된 지역이 있고, 안산시

화성시에서 발견된 케라톱스 화석. 화성시에서는 이 공룡 화석에 '코리아케라톱스'라는 이름을 붙였다.

나 군포시로 편입된 지역도 있습니다. 일부는 오산시와 화성시로 분리되었습니다.

2000년까지 화성군이었던 화성시는 경기도에서 많은 주목을 받지는 못했습니다. 넓은 논과 밭 그리고 낮은 산들이 많은 지역에 불과했으니까요. 마치 덩치만 큰 공룡 같은 존재였습니다. 실제로 화성시는 공룡 유적지로 유명합니다. 화성시 송산면에 대규모 공룡 유적지가 있는데요, 특히 뿔공룡 화석은 세계적으로도 특이한 종의 화석으로, '코리아케라톱스'라고 명명하고 있습니다. 화성시 지도를 유심히 살펴보면 공룡이 앞발을 들고 서 있는 모양과 유사합니다. 그러고 보면 화성시의 아이콘을 '코리아케라톱스'로 선택한 것이 참 적절해 보입니다.

사실 화성은 수원에서 분리될 때 다른 이름을 쓸 기회가 있었습니다. 현재의 화성은 과거 수원 지역과 남양 지역이 통합된 곳이므로 남양시라고 해도 괜찮았을 겁니다. 화성이라는 이름을 선택함으로써 조선의 위대한 왕 중 한 명인 정조의 도시라는 이미지를 가져가려 한 의도가 엿보입니다.

하지만 제가 생각하기에 화성이라는 지명을 택한 것이 긍정적인 결과를 가져오지는 못했다고 봅니다. 사도세자와 정조의 무덤인 융건릉은 현재 화성시 안녕동에 있지만, 화성의 실체는 수원시 한가운데에 위치하고 있기 때문에 화성이라는 이름은 화성시에 어떤 의미로도 시너지를 줄 수가 없습니다. 차라리 융건시나 사도시 혹은 정조시라는 이름이 더 적합하지 않나 하는 제안을 해봅니다. 게다가 화성시의 이미지는 부정적인 인식이 조금 더 많기 때문에 이름을 변경하는 것도 지역의 이미지 고양을 위해 필요한 정책이라고 생각합니다.

결론적으로 화성이 수원에 있기 때문에 외부 사람들에게는 화성과 수원의 행정 구역에 다소 혼선을 줄 수 있습니다. 이러한 혼선 역시 화성시에 도움이 되지 않습니다. 화성시는 이미 수원시의 후광 효과를 볼 필요가 없을 정도로 거대한 도시이기 때문입니다.

## 전국 최강 수준의 인구 증가율

동탄2 신도시가 개발되기 시작하고 아파트가 분양되면서 많은 사람이 걱정하기 시작했습니다. 도대체 10만 세대가 넘는 아파트를 어떻게 분양할 것이며, 과연 누가 저 아파트에 입주할 것인가 하고 말이죠. 그분들에게 여쭙고 싶습니다. 그걸 왜 걱정하는지 말이죠. 집이 많아지면 무주택자들에게는 선택의 여지가 많아져서 좋은 것이고, 미분양이 나면 집값이 낮아지니 좀 더 저렴하게 집을 살 수 있어서 좋은 것 아닌가요? 정리하자면, 집값이 낮아지면서 실거주자든 투자자든 매수 가능성이 커질 테니 누구에게나 좋은 일이 아니냐는 겁니다. 도대체 무얼 걱정하는 것인지 정말 궁금했습니다.

저는 개인적으로 동탄의 집값이 하락하길 희망했습니다. 정말 많은 사람들이 비교적 저렴한 비용으로 동탄의 쾌적한 환경을 누리길 바랐거든요. 하지만 그런 일은 일어나지 않았습니다. 앞으로도 없을 겁니다. 동탄 신도시를 계획·추진한 정부는 바보들의 집단이 아닙니다. 동탄 신도시에 아파트를 짓고 분양을 하는 기업체도 자선 사업가가 아니고요. 정말 수요

화성시 인구수 증가 추이

| 지역 | 2015년 | | 2016년 | | 2017년 | | 2018년 | | 2019년 | |
|---|---|---|---|---|---|---|---|---|---|---|
| | 총인구 | 증가율 | 총인구 | 증가율 | 총인구 | 증가율 | 총인구 | 증가율 | 총인구 | 증가율 |
| 화성시 | 596,525 | 10.29 | 640,890 | 7.44 | 691,086 | 7.83 | 758,722 | 9.79 | 815,396 | 7.47 |
| 병점1동 | 28,597 | -1.82 | 28,873 | 0.97 | 29,213 | 1.18 | 28,679 | -1.83 | 28,271 | -1.42 |
| 팔탄면 | 10,424 | -2.39 | 10,376 | -0.46 | 10,283 | -0.9 | 10,017 | -2.59 | 9,882 | -1.35 |
| 송산면 | 11,245 | 1.28 | 11,259 | 0.12 | 11,35 | -0.21 | 11,019 | -1.92 | 10,948 | -0.64 |
| 마도면 | 6,627 | 2.62 | 6,735 | 1.63 | 6,760 | 0.37 | 6,713 | -0.7 | 6,816 | 1.53 |
| 병점2동 | 26,937 | -2.2 | 26,696 | -0.89 | 26,151 | -2.04 | 25,418 | -2.8 | 24,622 | -3.13 |
| 우정읍 | 18,088 | 1.03 | 18,030 | -0.32 | 18,107 | 0.43 | 17,875 | -1.28 | 17,431 | -2.48 |
| 비봉면 | 5,942 | -1.93 | 5,917 | -0.42 | 5,920 | 0.05 | 5,862 | -0.98 | 5,849 | -0.22 |
| 매송면 | 8,382 | -3.05 | 8,259 | -1.47 | 8,033 | -2.74 | 7,682 | -4.37 | 7,385 | -3.87 |
| 서신면 | 7,039 | 0.93 | 7,001 | -0.54 | 7,117 | 1.66 | 7,116 | -0.01 | 7,091 | -0.35 |
| 장안면 | 10,940 | -1.87 | 10,800 | -1.28 | 10,621 | -1.66 | 10,478 | -1.35 | 10,265 | -2.03 |
| 반월동 | 25,970 | 31.09 | 27,543 | 6.06 | 31,009 | 12.58 | 31,925 | 2.95 | 31,642 | -0.89 |
| 기배동 | 14,948 | -1.62 | 14,817 | -0.88 | 14,571 | -1.66 | 14,176 | -2.71 | 13,879 | -2.1 |
| 봉담읍 | 68,539 | 1.8 | 70,163 | 2.37 | 74,009 | 5.48 | 75,066 | 1.43 | 77,992 | 3.9 |
| 양감면 | 4,266 | -1.3 | 4,196 | -1.64 | 4,191 | -0.12 | 4,095 | -2.29 | 4,058 | -0.9 |
| 정남면 | 12,509 | -2.7 | 12,306 | -1.62 | 11,913 | -3.19 | 11,509 | -2.64 | 11,328 | -2.34 |
| 화산동 | 23,535 | -2.66 | 23,485 | -0.21 | 24,523 | 4.42 | 24,372 | -0.62 | 23,555 | -3.35 |
| 진안동 | 36,092 | -1.13 | 36,635 | 1.5 | 39,096 | 6.72 | 42,348 | 8.32 | 43,289 | 2.22 |
| 향남읍 | 67,824 | 13.52 | 74,856 | 10.37 | 80,328 | 7.31 | 82,302 | 2.46 | 83,112 | 0.98 |
| 동탄3동 | 44,003 | -0.78 | 44,256 | 0.57 | 43,903 | -0.8 | 43,290 | -1.4 | 41,898 | -3.22 |
| 동탄2동 | 36,730 | -1.27 | 37,762 | 2.81 | 37,353 | -1.08 | 36,811 | -1.45 | 35,760 | -2.86 |
| 동탄1동 | 52,822 | -1.94 | 53,775 | 1.8 | 53,398 | -0.7 | 51,951 | -2.71 | 50,401 | -2.98 |
| 동탄4동 | 46,184 | | 71,830 | 55.53 | 91,439 | 27.3 | 54,520 | -40.38 | 53,690 | -1.52 |
| 남양읍 | 25,663 | 3.04 | 28,810 | 12.26 | 32,298 | 12.11 | 37,495 | 16.09 | 39,167 | 4.46 |
| 새솔동 | | | | | | | 10,712 | | 18,386 | 71.64 |
| 동탄5동 | | | | | | | 35,607 | | 37,140 | 4.31 |
| 동탄6동 | | | | | | | 71,594 | | 28,648 | -59.99 |
| 동탄7동 | | | | | | | | | 72,522 | |
| 동탄8동 | | | | | | | | | 20,369 | |

가 없다고 판단되면 우리가 아무리 요청해도 절대 공급하지 않습니다. 그만한 수요가 증가하는 곳이고, 이를 수용하기 위한 공급이 지속적으로 필요하기 때문에 정부나 기업체가 공급했다고 생각하지는 않으셨나요?

화성시는 매년 5만 명 전후로 인구수가 증가하고 있습니다. 인구 증가율이나 실제 인구수 증가분으로 따져보아도 전국 최상위권입니다. 2019년 기준 인구가 81만 5,000명이고, 현재의 추세대로라면 10년 안에 100만 명을 훌쩍 넘어설 것이라고 예상할 수 있습니다. 다시 여쭙겠습니다. 동탄 신도시에 공급된 엄청난 규모의 아파트들이 공실이 될까 봐 지금도 걱정되나요? 왜 제 판단에는 10년 내에 동탄이나 그 주변 지역에 추가적으로 공급되지 않는다면 오히려 부족할 것으로 보일까요?

## 자급자족의 기업 도시 화성시

물론 화성시를 단순히 서울이나 인근 대도시(수원, 용인 등)의 베드타운으로 생각한다면 현재의 대규모 공급이 걱정스러울 수 있습니다. 하지만 화성은 단순한 베드타운이 아닙니다. 동탄 신도시를 개발하기 전에도 기업체 수가 많았고, 현재 아파트가 증가하는 것 이상으로 기업체와 근로자가 증가하고 있습니다.

이것이 동탄 신도시를 개발할 수밖에 없었던 가장 중요한 동력입니다. 단적인 예로 동탄 신도시와 그 주변 지역에는 삼성전자와 LG전자가 있습니다. 이곳에서 일하는 근로자만 7만 명이 넘습니다. 기아자동차와 현대자동차도 있습니다. 이 4대 거대 기업의 협력 업체들도 있습니다. 이외에도 산업단지와 개별 기업들이 계속 들어서고 있습니다. 향후 이곳에 입주할 기업체 수가 200여 개에 이릅니다. LG, 삼성, 기아차, 현대차를 제외하고도 약 10만 명의 근로자들이 상주할 것이라고 합니다. 화성시 내 상주 근로자 수가 약 20만 명입니다. 여기에 이 기업체들을 지원하는 각종 지원 시설이 들어올 것이며, 업무 시설과 주거 시설을 위한 상업 시설도 대규모로 공급될 것입니다. 이러한 비제조 업종에서 일하는 분들을 아무리 적게 잡아도 몇만 명은 되지 않을까요? 업무든, 주거든, 상업이든 화성시에 거주할 분들이 결혼을 했다고 가정하고 평균 3인 가족으로 어림잡아도 90만 명은 충분히 될 것입니다.

화성은 이웃한 도시와의 관계가 아니라 화성시 내에서의 활동만으로도 충분히 100만 명을 수용할 수 있는 도시입니다. 이렇게 계속 인구가 유입되면 곧 분구가 될 것이고, 분구가 되는 순간부터 화성시는 단순한

동탄1·2 신도시와 동탄테크노밸리 조감도

일개 지방 도시 이상의 위상을 갖게 될 것입니다.

### 화성은 동부와 서부로 나누어서 이해해야 합니다

화성시는 면적이 매우 넓습니다. 천만 도시인 서울보다 더 큽니다. 따라서 단순히 몇 개 동으로 화성시를 이해하기보다는 권역을 크게 나누어서 권역별 특성을 파악한 후에 동별 이야기로 들어가는 것이 이해도를 높일 수 있습니다.

화성시는 과거 수원시 권역과 남양군 권역으로 나누어볼 수 있습니다. 먼저 수원시 권역은 화성시의 동쪽 지역입니다. 동쪽 끝 지역인 동탄면부터 동 지역들(통탄·반월·진안·병점·화산·기배동), 매송면, 봉담읍, 정남면, 향남읍, 양감면까지가 구수원권 지역입니다. 서쪽 지역은 구남양군 지역입니다. 서쪽부터 송산면, 서신면, 마도면, 남양읍, 우정읍, 장안면, 팔탄면, 비

화성시의 남양 권역과 수원 군역

봉면이 있습니다.

외형적으로 보면 동쪽이 상대적으로 발전해 있습니다. 동탄이 중심지이고, 봉담읍, 향남읍의 발전상도 눈여겨볼 필요가 있습니다. 서쪽 지역은 전형적인 읍면 지역으로, 동탄 같은 거대한 택지개발 지역이 아닌 도농 복합 지역입니다. 남양주시나 광주시 정도의 분위기라고 보면 됩니다. 미개발 지역이 많은 만큼 대규모 개발이 진행될 가능성이 매우 큰 곳이기도 합니다. 특히 송산면, 마도면, 남양읍, 우정읍에는 여러 가지 개발 계획들이 서 있습니다.

화성시는 거의 모든 지역이 개발을 하고 있거나 개발을 준비하고 있습니다. 경기도에 있으면서 그동안 소외된 지역이기 때문에 상대적으로 지가가 낮았습니다. 그래서 오히려 개발 가능성이 더 큰 것이죠. 물론 한동안은 동탄을 중심으로 주목을 받겠지만, 동탄 이외에도 관심을 가질 만한 지역이 많답니다. 동네 이야기를 통해 화성시의 다양한 개발 방향을 정리해보도록 하겠습니다.

# 경부 라인의
# 새로운 거점

| **수원 지역의 원조 중심지, 화산동**(황계동, 송산동, 안녕동)

역사 속 수원에 관한 내용은 대부분 화성시 화산동(花山洞) 주변의 이야기를 다루고 있습니다. 이 지역이 과거 수원의 중심지였던 것이죠. 하지만 한때 수원의 중심지였던 화산동은 이제 많은 사람 기억에서 잊혔습니다. 현재는 그저 세계문화유산 융건릉이 있는 곳, 융건릉을 지키는 용주사가 있는 곳으로만 기억될 뿐입니다.

그래서인지 화산동을 보면 왠지 그저 논밭이던 땅이 대한민국 최고의 부동산 입지로 변모한 강남구가 떠오릅니다. 지금의 수원도, 그리고 강남구도 모두 나라의 힘이 아니었으면 절대로 현재의 위상을 갖지 못했을 겁니다. 화산동은 오히려 반대의 길을 걸었습니다. 원래 번창한 도시였던 화산동은 나라의 힘에 의해 융건릉과 용주사만의 지역이 되었습니다. 화려했던 곳이 유적지뿐인 동네가 되고, 논밭이던 곳이 화려한 도시가 될

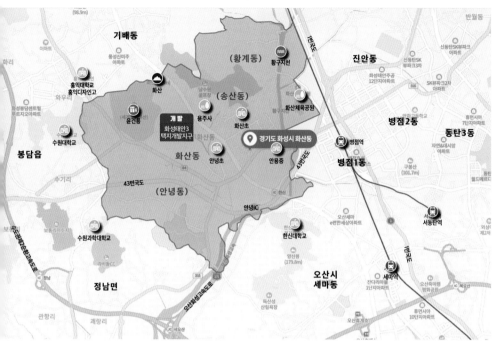

화산동 지도, 황계동과 송산동, 안녕동을 포함한다.

줄 누가 알았을까요.

화산동은 수도권에서도 손꼽는 풍수적 명당입니다. 정조가 이곳에 아버지 사도세자의 능과 능을 지킬 용주사를 만든 것이 이 때문입니다. 당시에는 사람이 많이 살던 도심지였기 때문에 이곳에 살던 많은 사람을 새롭게 정착시킬 새로운 터전이 필요했습니다. 그에 따라 정조는 현재 수원 지역을 택지지구로 개발하여 마을을 조성하고 화성을 쌓았습니다. 그렇게 생긴 신도시가 지금의 수원시이며, 당시 새로운 수원의 외곽 성곽을 방비하던 것이 바로 화성입니다. 아버지를 위해 땅을 내어준 백성들에 대한 선물이었던 셈이지요.

조선시대나 지금이나 좋은 직장은 인기가 많습니다. 당시에는 화성 축조 업무가 매우 인기 있는 일이었습니다. 양질의 직장으로 보수가 높고

융건릉(좌)과 용주사(우)

근무 여건도 좋았다고 전해집니다. 너무 덥거나 추우면 일을 쉬게 했고, 휴가도 보내주었습니다. 정조는 백성들이 작은 불만이나 원망이 없는 마음으로 자기 아버지를 위한 성을 쌓길 바랐던 것이죠. 세계문화유산 화성은 그렇게 만들어졌습니다. 그래서 화성을 쌓는 동안 그 누구도 불평불만을 갖지 않았으며, 진심을 다해 성심성의껏 열심히 축조했다고 합니다. 사실 표면적으로는 백성들을 위한 임금의 애정이 담긴 방침으로 보였지만, 속을 들여다보면 아버지를 향한 애틋한 마음이 드러난 것이 아니었을까 생각해봅니다.

새로운 터전(지금의 수원)에 정착하게 된 기존 화산동 주민들에게 농사를 지을 때 큰 도움이 되도록 나라에서 많은 소를 기증하기도 했습니다. 농기구가 현대화되기 전이었기 때문에 소는 그야말로 농촌 활동의 다목적 재산이었습니다. 농사에도 활용하고 활용 후에는 식용으로도 쓰였죠. 물론 여기에도 정조의 속뜻이 담겨 있습니다. 아버지를 위한 제사 음식용이기도 한 것입니다. 제사가 끝나면 백성들과 함께 나누어 먹었습니다. 지금의 육개장과 장국은 모두 왕릉에서 제사 후에 백성들에게 주었던 음식에서 유래했다고 하네요.

태안3 택지지구 조감도

문화 유적지로만 기억되던 화산동은 누가 보더라도 좋은 입지였기 때문에 오로지 능을 위한 도시로 쓰이기에는 아까운 느낌이 없지 않았습니다. 그에 따라 여러 가지 개발이 시도되었습니다. 화산동이 포함된 태안 택지개발을 대규모로 추진하기도 했는데, 용주사를 비롯한 문화재를 보호하려는 단체의 반대로 중단되기만 여러 차례였습니다. 하지만 우여곡절을 겪으면서도 조금씩 개발되었고, 새로운 도로와 아파트 등 부동산 시설들이 꾸준히 신축되고 있습니다.

화산을 주산으로 하는 융건릉처럼 화산동은 화산을 현무(북쪽 배경)로, 황구지천이라는 하천을 주작(앞마당 하천)으로 하는 풍수적 명당에 명품 도시를 개발하고 있습니다. 바로 태안3 택지개발지구죠. 만약 이 택지개발지구가 완성된다면 왕릉과 그 왕릉을 위한 사찰이 있는 청정 택지개발지구가 될 것입니다. 화산동은 역사·문화적인 배경을 지닌 명품 택지개발의 좋은 사례로 관심을 가질 필요가 있습니다.

자주 말씀드리지만 과거의 중심지는 특정 기간 동안 잊힐 수는 있으나, 언제고 다시 부각되기 마련입니다. 좋은 땅은 계속 좋은 땅일 수밖에 없기 때문입니다. 특히 주거지로 활용할 택지가 매우 적은 대한민국에서는 더욱 그럴 수밖에 없습니다.

# 화성시 개발의 시작, 병점동

지금이야 동탄 신도시가 가장 대표적인 화성의 택지개발지구 이지만, 동탄 신도시가 탄생하기 전까지는 병점동이 포함된 지역이 가장 잘나가는 택지지구였습니다. 2000년대 초까지만 하더라도 화성시에서는 유일하게 아파트가 있는 지역이었으니 말이죠. 지금도 동탄만큼은 아니지만 택지 개발지구로 인기가 많은 지역입니다.

병점동은 소위 역세권 지역으로, 무엇보다 교통이 아주 편리합니다. 지하철 1호선 병점역이 있고, 도로망으로는 대한민국 최고 국도인 1번 국도가 지납니다. 1번 국도는 북으로는 수원과 바로 연결되고 남으로는

병점동 지도, 1동과 2동으로 나뉜다.

병점역 ⓒ 화성시청

오산, 평택을 지나 천안까지 가장 빨리 갈 수 있는 도로입니다. 고려시대
나 조선시대에도 충청도뿐만 아니라 전라도나 경상도로 갈 때는 무조건
병점을 지나야 했습니다. 그 길이 현재의 1번 국도가 된 것이지요. 병점동
이 화성시 교통의 중심지였던 것입니다. 그래서 이곳에 쉬었다 가는 행인
들이 많이 모였는데, 그들을 위한 떡집이 많아서 떡전거리라 부르기 시작
했고, 이것을 한자로 표기한 것이 바로 병점(餠店)입니다.

　사람이 많이 모이는 곳은 부동산 가치가 높다고 말씀드렸습니다. 병점
동은 동탄이 등장하기 전 거의 10년 동안 화성시에서 가장 인기 있는 지
역이었습니다. 화성시 최초의 대규모 택지지구로 거의 모든 단지마다 초
·중·고등학교가 배치되었고, 홈플러스를 중심으로 상권이 형성되었으며,
무엇보다 화성시를 대표하는 도로망과 전철역이 있어 모든 기반 시설을
갖추고 있었기 때문입니다.

　2000년대 초반까지는 화성시에서 병점동에 비교할 만한 동네가 전혀
없었습니다. 그래서 2006년 화성병점 복합 타운 개발 계획이 발표될 때
만 하더라도 병점동과 주변 지역의 인기가 한동안 지속될 것이라고 생각

했습니다. 시세가 급등하고 부동산 관심층들이 몰리기 시작했죠. 하지만 이 인기는 오래 지속되지 못했습니다. 2007년부터 동탄 신도시 입주가 시작되었고, 동탄을 중심으로 여러 가지 개발 계획이 계속 발표됩니다. 이후로는 화성시의 모든 이슈가 동탄에 집중되었고, 다양한 개발 계획들도 동탄 위주로 추진되었습니다. 이 시점에 금융 위기까지 닥치면서 진안동의 태안 택지개발지구, 병점동 주변의 진안 택지개발지구, 기산 택지개발지구는 추진 동력을 잃게 됩니다. 2007년을 고점으로 시세가 빠지기 시작하면서 외부인들에게는 잊힌 지역이 되었습니다.

최근 들어서야 경기도 전세 물량이 부족해지고 매매 가격이 올라가면서 병점동 아파트들이 다시 관심을 받기 시작했습니다. 중단되었던 택지개발지구 계획들도 하나둘 다시 검토를 시작했고요. 하지만 이미 화성시 대장주라는 주도권을 동탄에 빼앗긴 상황이고, 규모나 입지의 질적인 측면을 고려하면 동탄만큼 상승하기는 어려울 겁니다. 그 점을 감안하고 검토한다면, 이미 기반 시설을 다 갖추고 있는 병점동은 괜찮은 지역입니다.

병점역아이파크캐슬 조감도

한편 병점동에서 가장 비싼 단지는 송화초등학교 앞 화성병점양우내안애와 병점역 앞 병점역효성해링턴플레이스입니다. 두 단지 모두 평당 1,200만 원 수준입니다. 이어서 안화초·중·고등학교로 에워싸여 있는 안화동마을주공 7단지과 병점고등학교, 병점중학교, 태안초등학교를 모두 갈 수 있는 느치미마을주공 2단지 등의 순입니다. 병점 주민들이 중요하게 생각하는 학교 접근성이 가장 좋기 때문이지요.

그리고 오랜만에 신규 아파트가 입주합니다. 병점역아이파크캐슬 2,666세대가 2021년 3월 입주합니다. 화성병점 복합 타운 내 입지이기 때문에 아마도 최고가를 경신할 가능성이 크겠지요.

동네<br>이야기<br>3

## 수도권제2순환고속도로의 기점이 될 봉담읍

봉담(峰潭)은 산과 저수지에서 온 지명으로 추정됩니다. 봉은 삼봉산에서 온 말이고, 담은 기천저수지, 덕우저수지, 보통저수지 등 물과 관련한 공간이 많아 생긴 이름이 아닐까 싶습니다. 봉담읍은 그만큼 자연환경이 좋은 지역입니다.

봉담읍에는 특히 대학교가 많습니다. 수원대학교, 수원과학대학, 수원가톨릭대학교, 협성대학교, 장안대학교 등이 있습니다. 봉담읍의 중심 주거 지역은 이 대학교들 주변으로 형성되어 있습니다. 특히 수원대학교가 있는 와우리와 협성대학교·장안대학교가 있는 동화리에 주거지가 크게 형성되어 있습니다. 현재 봉담읍에서 가장 비싼 아파트인 아이파크는 와우리에 있고, 두 번째로 비싼 동화마을동일하이빌은 동화리에 있습니다. 향후 봉담읍은 이 2개 지역을 중심으로 활성화될 것입니다. 지역 자체가

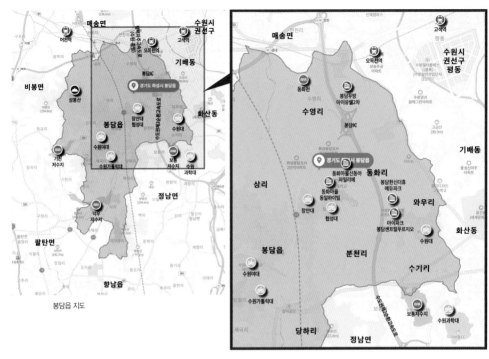

봉담읍 지도

주목해야 할 부동산이 분포해 있는 봉담읍 북동 지역을 확대한 지도. 왼쪽 지도의 박스 부분이다.

대학교의 도시라고 할 정도로 대학 재학생만 2만여 명이 넘게 상주하거나 통학하는 지역이기 때문입니다. 대학교를 중심으로 한 상업 시설과 주거 시설이 많을 수밖에요.

아울러 봉담읍에는 신규 아파트가 꾸준히 입주했습니다. 2015년 8월 입주한 동화마을신동아파밀리에, 2017년 2월 입주한 봉담센트럴푸르지오, 2017년 4월 입주한 봉담우방아이유쉘 2차, 2019년 6월 입주한 봉담한신더휴에듀파크 등이 그곳입니다.

봉담읍은 교통이 편리한 지역인데요, 앞으로는 더욱 편리해질 것입니다. 봉담읍 교통 편리성의 핵심은 바로 수도권제2순환고속도로입니다. 이미 2009년 10월 개통한 봉담~동탄 간 구간은 봉담읍의 부동산 시세를

상승시켰습니다. 화성시 대부분 지역이 2007년을 고점으로 시세가 크게 빠졌지만, 새롭게 조성된 동탄 신도시와 봉담읍만은 꾸준히 시세를 유지했습니다. 이렇게 금융 위기를 버틸 수 있었던 것도 봉담읍의 교통 환경이 매우 좋아졌기 때문이라고 분석됩니다.

2025년에는 이 수도권제2순환고속도로 전 구간이 개통할 예정입니다. 향후 수도권제2순환고속도로의 모든 구간이 개통되면 수도권 2기 신도시를 하나로 묶는 광역 교통망이 형성될 것입니다. 이외에도 봉담읍 지역에는 수원~광명 고속도로가 2016년 4월 개통했습니다. 광명시 소하 IC에서 화성시 봉담 IC까지 연결하는 이 도로를 통해 수원, 광명 그리고 서울까지의 접근성 역시 확보하게 되었습니다. 여기에 2020년 9월 봉담읍 북동쪽에 수인분당선 오목천역이 개통했으니, 그야말로 지역 교통 개발 호재가 집중되어 있는 지역인 것이죠.

## 택지개발지구의 중심, 향남읍

향남지구는 화성시의 남서쪽에 위치하고 있습니다. 서해안고속도로를 타고 내려오다 보면 발안 IC가 나오는데, 이곳을 통해 처음 만나게 되는 곳이 바로 향남읍입니다.

향남읍은 특별한 역할을 수행하도록 새롭게 개발된 곳입니다. 베드타운 역할이 큰 병점동에 비해 향남읍은 자급자족이 가능한 업무지구인 동시에 베드타운 역할을 하는 한 단계 업그레이드된 신도시입니다.

향남읍은 주변에 발안 산업단지, 금의 지방 산업단지, 현곡 지방 산업단지, 기아자동차 공장 등 여러 개의 산업단지가 조성되어 있는데, 이 업무 시설의 배후 도시 역할을 합니다. 게다가 동북아 물류 허브 기지와 황해권 국제도시로 폭발적인 성장이 기대되는 평택시와 서해안고속도로,

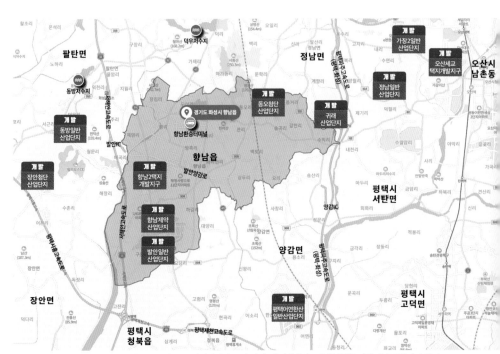

향남읍 지도. 향남읍은 지역 주변에서 이루어지는 각 산업단지와 주거 지역, 택지개발지구의 연계성을 파악해서 접근해야 한다.

향남 제약 산업단지 전경과 위치

화성~평택 간 고속도로를 연결하는 중간 기지로서의 역할 역시 충실해 해내고 있습니다. 이뿐만이 아닙니다. 동탄지구와 태안 3지구, 봉담지구, 용인흥덕지구, 오산궐동지구, 오산세교지구, 아산 신도시 등과 도로망으로 직접 연결되어 있어서 물류 및 교통망의 핵심 지역으로 계속 성장하고 있습니다.

이처럼 외부 산업단지와 연계될 뿐만 아니라 향남 제약단지, 발안 일반 산업단지, 현대기아자동차 주행시험장 및 연구소 등 대규모 산업단지가 향남읍 내에 조성되는 중입니다. 따라서 향남읍은 개발이 계속 진행 중인 향남 2지구와 함께 직주복합형 신도시로 꾸준히 발전하고 있습니다.

그렇습니다. 향남지구는 화성시 서쪽 지역의 핵심인 발안 생활권의 중심 지역으로서 여러 산업단지 클러스터의 성장을 뒷받침하는 배후 도시이자 주변 지역까지 아우르는 물류 중심 거점 도시, 교통 중심 도시로서 역할을 수행하도록 개발된 지역입니다.

화성 향남 2지구와 가까운 곳에 발안 IC가 있어서 서해안고속도로에 쉽게 진입할 수 있습니다. 또한 지구를 관통해 발안 IC와 양감 IC를 연결하는 동서간선도로(발안양감로)가 2017년 개통함으로써 평택과 동탄 접근성이 크게 개선되었습니다. 뿐만 아니라 서해안 고속화 복선 전철(충남 홍성~화성 송산 구간)의 역이 2022년에 개통합니다. 여기에 신안산선까지 들어서게 되면 1시간 안에 서울에 도착할 수 있는 서울 영향권 입지가 됩니다. 신분당신의 연장도 검토 중에 있고요. 이처럼 향남읍은 지역 개발 호재로 꽉 찬 지역입니다.

동네
이야기
5

## 구 남양군의 중심, 남양읍

화성시를 남양군 지역과 수원시 지역으로 나누어볼 때 남양읍은 구남양군 지역의 중심지로서 현재 화성시청이 위치하고 있습니다. 재미있는 일은 이곳이 원래 남양동이었다가 남양읍으로 전환되었다는 점입니다. 읍으로 강등(?)되었는데도 주민들은 잔치를 벌일 정도로 좋아했는데요, 읍이 동보다 혜택이 훨씬 크기 때문이었습니다.

읍으로 전환된 이유는 주민들이 지속적으로 탄원했기 때문입니다. 시청이 들어왔지만 인구가 유입되지 않았고, 중·고등학생 자녀를 둔 세대는 오히려 이사를 가는 사례가 빈번했습니다. 당시 남양동 면적은 67$km^2$로 인구 90만 명인 부천시(53.4$km^2$)보다 넓은데도 부천시 인구의 약 3%인 2만 4,000여 명이 살았습니다. 시청사가 들어섰지만 주택단지를 조성하지 않았고 기업도 입주하지 않았습니다. 때문에 인구가 감소하는데도 동

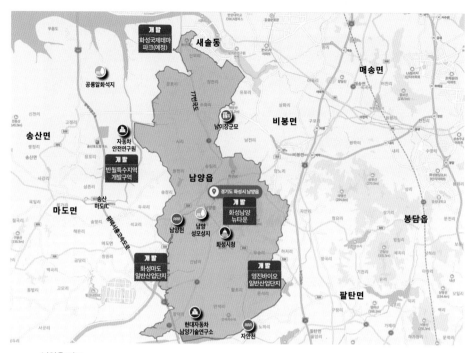

남양읍 지도

으로 바뀌면서 주민들의 부담만 커지게 되었습니다. 읍면 지역이 누리던 대학 입학 농어촌특별전형, 국민건강보험료 감면, 낮은 재산세율 적용 등의 혜택이 사라졌으니 주민들의 불만이 커질 수밖에 없었죠. 이런 이유로 다시 읍 지역으로 환원한 것입니다. 지역 주민 입장에서는 충분히 잔치를 벌일 일이었죠.

남양읍에는 대규모 산업단지가 들어서는 등의 업무 시설에 관한 호재는 없습니다. 하지만 화성시청이 있다는 상징성 때문에 주거 시설을 업그레이드하는 남양뉴타운을 지속적으로 추진하고 있습니다. 말 그대로 청정 뉴타운 개발 사례로, 남양뉴타운 도시개발지구 내 16만㎡에 달하는 면적이 근린공원으로 조성되었습니다.

남양읍의 가장 큰 문제는 교통입니다. 그래서 대규모 개발이 없었던

화성시청

것이죠. 최근 들어 교통 환경을 개선하려는 계획이 추진되고 있습니다. 가장 주목할 부분으로는 2022년 서해안 복선 전철 개통을 들 수 있습니다. 그리고 남양읍와 송산면을 연결하는 77번 국도를 확장하면서 송산면~안산시 초지동 구간의 77번 국도가 연결되고 있습니다.

서해안 복선 전철이 개통하면, 화성시청역에서 여의도까지 불과 30분 거리가 됩니다. 또 수도권제2순환고속도로와 77번 국도가 확장 연결되면, 많은 일거리가 있는 안산과 반월지구는 10분 거리로 가까워집니다. 여기에 평택시흥고속도로 송산마도 IC에 5분 내 진입이 가능하고, 경부고속도로도 20분 내에 접근할 수 있는 등 안산, 시흥, 부천, 인천 등 서해안 산업 벨트 교통의 중심축이 될 전망입니다. 그렇게 되면 단순하게 화성시청만 있는 농촌형 도시에서 행정 중심 도시로, 또 쾌적한 베드타운으로 주목을 받을 만한 지역이 되는 것이지요.

동네
이야기
6 | 테마파크 개발로 주목받는 송산면

송산면은 경기도 화성시의 가장 서쪽에 위치하고 있습니다. 북쪽으로는 말도 많고 탈도 많았던 시화호와 맞닿아 있는데요, 시화호는 지금도 매립을 진행 중이라 매립지의 면적이 계속 넓어지고 있습니다. 송산면에 속해 있던 몇 개의 섬들도 육지로 탈바꿈했습니다. 과거에는 삼면이 바다에 접해 있던 송산면은 시화방조제를 만든 뒤 내륙 지역이 되어가고 있습니다.

송산면은 시화방조제를 제외하면 별다른 이슈가 없던 지역이었습니다. 하지만 송산그린시티 계획이 발표되면서 하루아침에 동탄 신도시만큼 주목받는 관심 지역으로 떠올랐습니다. 사업 면적이 55.64$km^2$(1,683만 평)이고, 사업 기간은 2007년부터 2030년까지 24년이며, 인구 및 주택 수용 계획은 15만 명에 6만 세대입니다. 송산그린시티는 수도권 서해안 벨트를 중심으로 인천공항, 광역 철도망, 고속도로 등의 다양한 광역 교통망을 통해 인천 경제자유구역과 연계하는 국제도시 콘셉트로 개발하고 있습니다. 목표치가 높기 때문에 어떤 형태로든 여러 가지 시도가 계속될

송산면 지도. 송산면 소속의 섬이었던 지역이 시화호 매립으로 육지가 되면서 듬성듬성한 형태를 띠게 되었다.

송산그린시티 개발 계획도

위성사진으로 본 시화호

것이고, 그것만으로도 관심을 가질 필요가 있는 지역입니다.

송산그린시티는 여러 가지 면모를 갖추게 될 것입니다. 철새 서식지, 공룡 알 화석지 등 천혜의 자연환경과 마린리조트, 테마파크, 도심 운하, 골프장 등 다양한 레저 문화를 즐길 수 있는 세계적인 관광레저 복합 도시로 개발하고 있는데요, 적당한 크기의 녹지 공간에 바다를 접하고 시화호까지 활용할 수 있어서 수상 환경을 이용하기에 좋은 조건을 갖추고 있습니다.

정부의 신도시 공급 중단 방침으로 사실상 수도권의 마지막 신도시가 될 화성 송산그린시티는 개발 면적을 따졌을 때 분당(약 19.64㎢)의 약 3배에 이르는 수도권 최대 규모의 신도시이자, 수도권 인구 밀도 최저(39.8/

ha) 수준의 초저밀 택지지구로 새롭게 탄생하게 됩니다.

송산그린시티는 동측, 서측, 남측, 크게 3개 지구로 나누어 개발되는데, 시범지구에 해당하는 동측을 시작으로 순차적으로 개발하게 됩니다. 계획에 따라 가장 먼저 개발되는 동측 지구는 동탄2 신도시, 남양뉴타운, 동탄 산업단지 등과 함께 화성시의 '스마트시티'로 통합 운영된다고 합니다. 남측 지구에는 송산역 등 서울과 연결되는 교통망이 집중적으로 갖추어지며, 아울렛과 테마파크 등이 들어설 예정입니다. 서측 지구는 마린리조트, 실버 콤플렉스, 에듀타운 등이 들어설 예정이라고 합니다. 대략적인 계획만 보아도 엄청난 도시가 될 것이라는 기대가 부풀어 오릅니다.

30여 년 전인 1987년, 간척 사업을 통해 경기도 시흥시 오이도와 안산시 대부도를 잇는 길이 11*km*의 시화방조제가 완공되었습니다. 이로 인해 시화호로 흘러들던 생활하수와 공단 폐수로 이 일대에는 환경오염의 표본이라는 오명이 씌워졌지만, 경기도와 한국수자원공사가 1조 원 이상 투입하며 수질 개선 사업을 벌인 결과, 2013년에 이르러 예전과 비슷한 수준으로 수질이 나아지면서 이제 시화호는 철새의 서식지이자 수달, 너구리, 고라니 등 야생 동물이 뛰노는 생명의 호수로 재탄생하게 되었습니다. 이처럼 조금씩 자연생태계를 복원하고 있는 시화호 주변으로 송산그린시티가 들어서는 것뿐 아니라 신세계그룹은 국제테마파크를 조성하겠다고 발표하기도 했습니다.

2020년 10월 7일 세계 최대 규모이자 아시아 최초의 인공 서핑 테마파크인 웨이브파크가 개장했습니다. 경기도·한국수자원공사가 대원플러스그룹과 2018년 테마파크 실시 협약을 체결한 후 2년 6개월 만에 총 면적 32만 5,300㎡ 규모의 복합 테마파크 가운데 1단계로 웨이브파크가 개장함으로써 경기도가 추진 중인 서해안 관광 벨트(영종도-송도-소래포구-오

시화호 나래공원(좌)과 웨이브파크 조감도(우)

이도-시화방조제-대부도-송산그린시티-제부도)와 연계한 관광 클러스터의 스타트를 끊은 것입니다. 이 서핑 테마파크를 시작으로 이곳에는 레저, 휴양, 문화, 예술이 어우러진 자연친화적인 공간을 조성할 예정이라고 합니다. 이에 따라 이 일대에는 아쿠아펫랜드, 관상어 테마공원, 해양생태과학관 등을 조성할 계획이라고 하네요. 앞으로 많은 사람이 이곳에서 관광과 휴식을 즐기게 되었다는 사실만으로도 참 기쁜 일입니다.

## 동네 이야기 7 | 유소년 야구의 메카가 될 우정읍

우정읍은 화성시에서 가장 낙후한 지역입니다. 주로 읍 소재지인 '조암'으로 통칭되기도 합니다. 화옹방조제(지금은 화성방조제라 부른다) 염전이 유명하죠. 우정읍에서 가장 알려진 곳은 기아자동차 화성 공장입니다. 그 주변에 작은 산업단지들이 조성되어 있고, 평택시흥고속도로를 타다가 조암IC를 이용해서 접근할 수 있습니다.

우정읍에는 50년 동안 미군 시설로 사용되다가 2005년 폐쇄된 매향리 사격장이 있었습니다. 이곳에 국내 유소년 야구 단지(화성드림파크)가

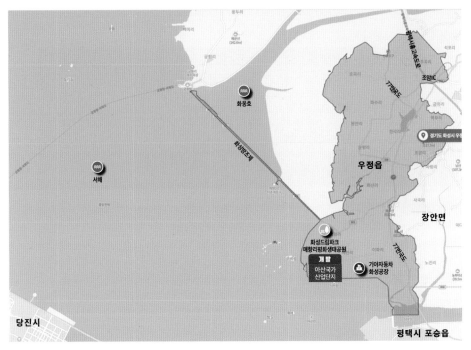

우정읍 지도

2017년 6월 9일에 문을 열었습니다. 리틀야구장 4개, 주니어야구장 3개, 여성야구장 1개 등 총 8개의 야구장이 들어선 이곳에는 아마추어 야구인과 지역 주민을 위한 다양한 운동 공간과 공원, 로컬푸드 레스토랑, 매점 등의 편의 시설이 갖추어져 있습니다.

화성시는 아픈 역사를 지닌 매향리 사격장 일대를 과거와 현재, 미래가 공존하는 시민의 휴식·레저 공간으로 조성하기 위해 농섬(폭격장)과 육상 사격장 터 97만여㎡ 가운데 57만 6,000여㎡를 2014년 말 국방부로부터 사들였고, 이 가운데 24만 2,000여㎡에 화성드림파크를 조성했으며, 나머지 33만 3,000여㎡에는 평화생태공원을 조성하는 중입니다. 야구 연습장으로는 아시아 최대 규모로, 연 25만 명의 야구인과 관람객이 방문하면서 매향리 주변의 경제 활성화와 리틀 야구 발전에 큰 역할을 할 것

기아자동차 화성 공장(위)과 화성드림파크 조감도(아래)

으로 기대하고 있습니다.

　미군이 사용하던 부지는 어떤 방식으로든 좋은 시설로 변화한다는 사실을 다시 한번 확인하게 됩니다. 사격장은 민간인 출입 금지 구역입니다. 그러다 보니 우정읍은 유독 썰렁한 곳이었죠. 하지만 이제 많은 사람이 자발적으로 방문하도록 이끄는 시설이 계속 들어설 것입니다. 그동안 소외되었던 우정읍에 많은 사람이 찾아올 것을 상상하면 가슴 뭉클해집니다. 우정읍의 선전을 기대합니다.

동네
이야기
8

## 경기도 남부 지역의 대장주, 동탄동

동탄동 일대는 1990년대까지만 해도 화성에서 가장 낙후한 곳이었습니다. 하지만 2021년 현재 동탄 신도시는 화성시의 발전을 이끄는 가장 발전한 동네가 되었습니다. 지리적으로 화성시 동쪽 끝인 데다가 수원시와

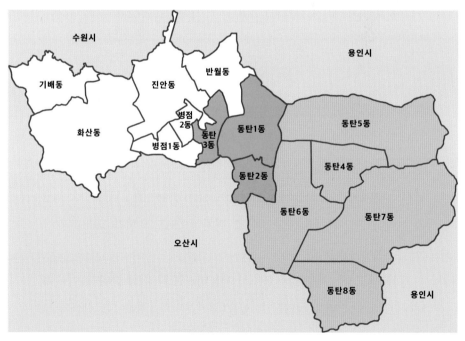

동탄 신도시 권역도

오산시 사이에 끼어 있어서 남양읍에 있는 화성시청보다 수원시청이나 오산시청이 더 가깝습니다.

동탄 신도시는 1기와 2기로 나뉘는데, 그 경계선은 경부고속도로입니다. 동탄 신도시 개발로 동탄1 신도시 지역인 반송리, 석우리와 동탄2 신도시 지역인 영천리, 오산리, 청계리가 동으로 전환되었고, 나머지 지역 역시 동탄2 신도시 부지에 속하기 때문에 개발이 완료되면서 모두 동으로 전환되었습니다. 동탄 신도시 1기와 2기에 속한 동은 아래와 같습니다.

| 동탄 신도시 행정 구역 | | |
| --- | --- | --- |
| 동탄1 신도시 | 동탄 1동 | 석우동, 반송동 일부 |
| | 동탄 2동 | 반송동 |
| | 동탄 3동 | 능동 |
| 동탄2 신도시 | 동탄 4동 | 청계동 |
| | 동탄 5동 | 영천동, 중동 |
| | 동탄 6동 | 금곡동, 방교동, 오산동 |
| | 동탄 7동 | 목동, 신동, 산척동, 송동 |
| | 동탄 8동 | 장자동 |

동탄 신도시의 가장 큰 의의는 대한민국 경제의 주축이라 할 수 있는 경부 라인의 연장이라는 점에 있습니다. 강남에서 시작하여 분당, 판교, 광교를 잇는 경부축의 연결 선상에 위치하고 있으며, 천안을 지나 세종시까지도 연계됩니다. 서울에서 시작하여 세종시에서 완성되는 주축 라인의 정확히 중간 위치가 되는 것이죠. 위치상으로도 의미가 크다고 할 수 있습니다.

동탄 신도시는 대한민국 신도시 가운데 규모가 가장 큽니다. 이 사실 하나만으로도 동탄을 설명할 수 있습니다. 분당의 1.8배이고, 일산의 2.2 배입니다. 왜 이렇게 크게 만들었을까요? 과연 이렇게 넓은 면적이 필요

동탄 신도시 토지 이용 계획도 ⓒ 한국토지주택공사

한 것인지 의문을 가질 만합니다.

동탄 신도시는 선배 신도시들과는 확연히 다른 점이 있습니다. 주거 위주가 아니라는 점이죠. 화성시에는 업무 시설이 많다고 여러 번 말씀드 렸습니다. 삼성전자와 LG전자의 정직원만 7만 명입니다. 협력 업체와 중 소기업까지 포함하면 일자리가 엄청난 곳이죠. 진정한 의미의 자급자족 이 가능한 지자체입니다. 이렇게 현재의 기업체 수도 충분히 많은데, 기 업체 벨트가 점점 더 많이 조성되고 있습니다. 화성 테크노밸리와 광역 비즈니스 콤플렉스에만 9만여 개의 일자리가 추가로 창출될 것입니다.

기업체가 많은 만큼 이들의 활동을 지원하기 위한 교통 환경도 점점

동탄 1동을 비롯한 동탄 신도시 권역 지도. 경부고속도로를 경계로 동탄1 신도시와 동탄2 신도시가 나뉜다.

좋아지고 있습니다. 주요 교통망인 경부고속도로에 더해서 수도권제2순환고속도로와 세종고속도로까지 조성하고 있고요, 철도망으로 가장 먼저 들어온 SRT를 이용하면 서울은 20분, 부산은 2시간 안에 이동할 수 있습니다. 여기에 GTX까지 개통하면 파주·일산까지 불과 40분 만에 도착하게 됩니다.

주거 시설로는 동탄 2기에만 11만 세대의 아파트가 들어섭니다. 보수적으로 잡아도 25만 명이 상주하게 되는 것이죠. 이를 위한 공공시설과 상업 시설, 지원 시설들이 들어서는 것은 당연한 일이겠죠.

동탄의 가격 하락은 걱정하지 말고 어떤 미래 도시가 될 것인지만 상상하면 됩니다. 사람이 많이 모이는 곳은 언제나 새로운 세상이 만들어지니까요. 우리나라의 1기 신도시가 주거 문화의 새로운 장을 열었던 것

동탄 신도시의 랜드마크라 할 수 있는 메타폴리스

처럼 2기 신도시 역시 다른 차원의 도시 환경 문화를 만들어낼 것입니다. 이러한 움직임에 가장 큰 역할을 할 곳이 바로 동탄 신도시입니다.

동탄으로 이사하고 싶은 분들은 아무래도 교육 환경이 가장 궁금할 텐데요, 학교보다는 학원가를 먼저 고려하는 것이 좋을 듯합니다. 동탄1 신도시에는 남광장, 북광장, 솔빛나루, 능동마을 등에 학원가가 고르게 분포해 있습니다. 동탄2 신도시는 일명 항아리 상권이라 불리는 청계동의 카림애비뉴와 영천동에 위치한 11자 상가에 집중되어 있습니다. 남동탄에도 어딘가에 생기겠지요?

# 화성시는 끝 지역이 아니라 중심지다!

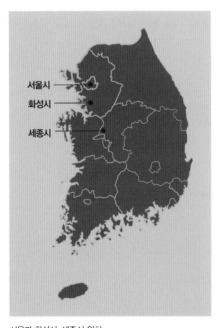

서울과 화성시, 세종시 위치

대한민국 부동산의 중심은 서울입니다. 정치와 경제를 주도하는 거의 모든 기관이 서울에 집중되어 있죠. 과거의 종로구와 오늘날의 강남구가 대한민국 부동산의 최고봉이 된 배경에는 무엇보다도 행정·경제와 관련한 시설이 위치하고 있다는 이유가 큽니다. 특히 강남은 경제를 담당하는 기업체의 본사들이 많은 사람을 유인하고 있습니다. 강남이 수많은 기업체를 이끄는 역할을 포기하지 않는 한, 1970년대처럼 강제로 특정 지역에 이러한 기능을 가진 기관을 이전시키지 않는 이상 강남의 위상은 앞으로도 계속 유지될 것입니다.

행정의 중심 역할을 하던 서울과 과천의 업무 시설 다수가 세종시로 이전했습니다. 이것은 대단한 변화의 시작입니다. 새로운 행정 중심지가 생기게 된 것이니까요. 결국 서울 강남은 경제의 주축, 세종시는 행정의 주축이 될 것입니다. 그리고 그 중간에 화성시가 있습니다. 입지만으로도 대단한 위상을 가질 수밖에 없는 조건이죠. 부동산은 무조건 중심 지역인지 아닌지가 중요합니다. 화성시의 미래가 기대되는 이유입니다.

## 업무 시설만으로도 충분한 화성시

화성시는 대한민국 최대의 업무지구입니다. 단순히 지리적으로만 중심이었다면 무게감이 덜해서 입지가 흔들렸을지도 모릅니다. 하지만 쟁쟁한 기업들이 많이 들어서 있기 때문에 대한민국 산업의 주축으로 든든한 버팀목 역할을 할 수 있는 것입니다.

아직 행정 도시 세종시가 초기 단계에 있듯, 화성시도 아직은 기업 도시의 초기 단계에 있습니다. 하지만 서울시의 확장과 더불어 지속적으로 업무 시설이 집중되면서 화성시는 새로운 부동산 지도를 그려나가고 있습니다. 업무 시설이 든든하면 상업 시설과 주거 시설이 함께 성장할 수 있습니다.

## 화성은 넓다! 교통과 교육의 중심지를 먼저 주목하라!

2015년 1월부터 동탄 2기 신도시가 입주를 시작했습니다. 동탄2 신도시는 총 11만 세대로, 수도권 신도시 가운데 단연 최대 규모입니다. 4인 가족 기준으로는 40만 명이, 3인 가족 기준으로는 30만 명이 이 지역에 새롭게 편입되는 것입니다. 지방 도시의 경우, 인구수가 20만 명만 넘어도 해당 광역 지자체에서는 대도시 대접을 받는 사실과 비교해보면 동탄 신도시의 위상을 알 수 있습니다.

2015년에 1만 6,535세대가, 2016년에 8,022세대가 입주했고, 이후로 약 7만 세대가 입주할 예정입니다. 이렇게 순차적으로 입주하기 때문에 아직 완성된 것은 아니지만, 계속 눈여겨봐야 할 지역입니다.

오해하지는 마세요. 이 지역에 무조건 투자하라는 뜻으로 이 글을 쓴 것이 아닙니다. 지금은 묻지 마 투자를 할 시기가 아닙니다. 다만 여러 가지 의미에서 화성시에 관심을 가지라는 말씀은 꼭 드리고 싶습니다.

화성시에서 주목할 포인트는 3가지입니다.

첫째, 새로운 상권의 탄생을 봐야 합니다. 현재까지 화성시 상권의 중심은 동탄 1기 신도시에 있는 메타폴리스입니다. 하지만 이제는 2기 신도시 상권의 확장에 주목해야 합니다. 동탄역세권과 남동탄 호수공원 주변의 미래를 상상해보세요. 특히 상가에 관심 있는 분들은 새로운 상권이 형성될 때부터 공실이 얼마나 생길지, 임대료는 어느 정도에 형성될지, 경공매로 과연 매물이 얼마나 나올지 등을 살펴봐야 합니다. 궁극적으로는 이 상권이 과연 활성화될 것인지에 주목해야겠지요. 그리고 활성화 정도에 따라 투자 포인트를 잡아야 합니다. 분명 미래의 주도권은 2기 신도시가 거머쥘 것입니다. 특히 중심 시설인 롯데백화점이 개점하는 2021년

6월을 기점으로 살펴봐야 할 것입니다.

2021년 6월 오픈 예정인 동탄 롯데백화점 조감도

둘째, 교통망의 변화를 봐야 합니다. 이 정도 규모의 도시라면 정부와 지자체에서도 무조건 다양한 교통망 확충 계획을 세워야 합니다. 새로운 교통망이 언제 개통하는지, 어느 지역과 맞물리는지, 어디까지 출퇴근이 가능할지, 교통망이 확충되면서 오히려 유출 현상이 발생하는 것은 아닌지 등을 살펴보십시오. 이미 개통한 SRT와 2024년 개통할 GTX 그리고 2025년 완성 예정인 수도권제2순환고속도로 개통 시기를 반드시 미리 파악해두길 바랍니다.

마지막으로 교육 환경을 세심하게 구분해두기 바랍니다. 초등학교와 중학교가 어디에 들어서는지, 학생과 학부모들이 어떤 고등학교를 선호할 것인지 등을 예상해보는 것도 재미있을 겁니다. 이와 함께 중심 학원가가 어디에 조성되는지도 꼭 따져보기 바랍니다.

대형 도시가 탄생한다는 사실은 지역의 인구가 증가한다는 의미도 있지만, 많은 사람에게 다양한 기회를 제공한다는 데 더 큰 의미가 있습니다. 화성이 다양한 사람에게 새로운 경험을 제공하고 새로운 출발을 북돋는 기회의 도시가 되기를 희망합니다.

## =사람들의 이동 동선을 따라가며 지역의 미래를 보라

### 주거 시설보다 업무 시설을 먼저 보세요!

화성시는 업무 시설 위주의 기업 도시라고 말씀드렸습니다. 따라서 입지 분석을 할 때 주거 지역보다는 업무 지역을 먼저 파악하고, 그 업무 지역에서 근무하는 사람들의 이동 동선을 찾는 것이 올바른 순서입니다. 강남구로 출퇴근하는 사람들이 주로 어디에 사는지 알기 위해서는 2·3·7·9호선과 신분당선 라인을 따라가면 되겠죠.

화성의 업무 지역에서 근무하는 분들은 어디에서 출퇴근할까요? 화성은 넓습니다. 때문에 다른 도시에서 오가기보다는 화성 내에서 이동할 가능성이 큽니다. 그런데 화성시는 전철망이 발달하지 않았습니다. 그럼 어떤 방법으로 이동할까요? 도로망입니다. 화성시에서는 도로망이 좋은 곳을 먼저 찾아보기 바랍니다.

## 지금은 허허벌판이지만, 향후의 발전 가능성을 보세요!

신도시를 볼 때 많은 분이 '이런 허허벌판에 왜 투자를 해야 하나?'라고 의구심을 가집니다. 처음부터 번화가인 지역은 없습니다. 어떤 입지이든지 처음은 있기 마련입니다. 서울시 강남구도 1970년까지는 논밭이 많았습니다. 분당도, 일산도 1990년대까지는 별 볼일 없는 지역이었습니다.

지금 2기 신도시들이 이런 취급을 받고 있습니다. 심지어 2기 신도시의 대장인 판교도 기반 시설이 부족하다는 평가를 받습니다. 하지만 신도시를 볼 때는 절대로 지금의 모습만으로 판단해서는 안 됩니다. 그렇다고 있지도 않은 개발 계획을 미리 예측하라는 말이 아닙니다. 개발이 확정된 시설과 교통망을 결합해보고 그 시설들이 완성되었을 때를 상상해보고, 발전 가능성을 봐야 합니다. 그것이 부동산에 접근하는 방법입니다.

1970년대의 반포동, 잠원동 일대

## 중간 입지에는 늘 수요가 있습니다!

변두리 지역의 수요는 시간이 지나면서 줄어들 수 있습니다. 때문에 무조건 싸다고 매입하면 안 되는 것이죠. 싸다는 것은 그만큼 수요가 많지 않다는 의미입니다. 중간 입지, 즉 중심지가 되면 늘 수요가 있습니다. 그래서 시세가 비쌉니다.

관악산 정상에서 바라본 서초구 일대의 사진이다. 좌측 반포대교 남단의 고층 건물은 아크로리버파크이고, 그 우측 하단으로 신반포 지역에 보이는 대규모 아파트 단지는 래미안퍼스티지다. 한남대교 남단을 가리고 있는 고층 아파트는 잠원동의 아크로리버뷰신반포다. 한강 이북 지역은 매봉산에 둘러싸인 보광동과 한남동이며 그 너머로 멀리 수락산과 불암산이 우뚝 솟아 있다.

중간 입지의 시세가 변두리만큼 저렴하다면, 바로 그때가 매수 타이밍입니다. 같은 논리로 지금은 변두리이지만, 앞으로 중간 입지가 될 곳은 미리 선점해둘 필요가 있습니다. 지하철 종점이었다가 노선이 연장되면서 변두리에서 벗어나는 지역들은 투자의 중요한 포인트입니다.

풍 수
이야기

# 풍수는 과거를 기억합니다

1986년 화성시 태안읍 안녕리에서 시작된 화성 연쇄 살인 사건은 1986년 2차례, 1987년 3차례, 1988년 2차례, 1990년과 1991년에 각각 1차례씩 총 10회에 걸쳐 불특정 다수의 여성 10명이 차례로 살해된 사건이었습니다. 이 사건 모두 태안읍의 반경 2*km* 이내에서 일어났습니다. 이 사건을 소재로 해서 2003년에 봉준호 감독이 〈살인의 추억〉이라는 영화를 만들기도 했지요.

태안읍은 1985년부터 2005년까지 화성시의 대표적인 행정 구역이었습니다. 이제는 역사 속으로 사라진 이름이 되었죠. 과거에는 화성 연쇄 살인 사건을 '태안읍 사건'이라고도 했습니다. 오히려 태안이라는 이름을 더 많이 언급한 기사들도 있었죠. 태안읍 인구가 급격하게 증가하며 여러 읍면동으로 분리되었지만, 태안이라는 이름을 쓰는 곳이 단 한 곳도 없다는 사실은 그 이름을 의도적으로 지워 버렸다고 보면 될 것 같습니다. 부정적인 이미지가 강한 지명은 어떻게든 이름을 바꿉니다. 전라도 익

영화 〈살인의 추억〉의 한 장면

산은 과거에 '이리'라는 지명을 썼습니다. '난지도'라는 아름다운 지명이 쓰레기 매립장과 동일한 의미로 쓰이면서 이제는 상암동 DMC에서 난지도라는 이름은 언급조차 하지 않습니다.

'화성'은 참으로 아름다운 이름입니다. 아버지를 향한 정조 임금의 그리움이 듬뿍 담겨 있기도 하고 의미 자체가 '아름다운 꽃의 성·마을'입니다. 하지만 태안읍의 부정적인 이미지가 태안읍이 사라진 뒤 화성이라는 지명으로 옮겨와 버렸습니다. 화성의 이미지가 좋았다면 동탄 신도시가 아니라 화성 신도시가 되었을 것입니다. 솔직히 말씀드리면, 동탄이라는 말의 어감도 썩 좋지는 않습니다. 하지만 새로운 지역의 깨끗한 이미지가 정착되자 동탄이라는 지명의 선호도가 올라간 것이죠.

지명에도 일종의 운명이 있습니다. 한 번 추락한 이미지는 쉽게 회복할 수 없습니다. 태안과 화성의 이미지를 바꾸기 위한 비보책이 필요한 시기인 것 같습니다. 만약 제가 화성시의 지자체장이라면 도시의 이름을 바꿀 것 같아요. 송산도 멋지고요, 남양도 괜찮은 것 같습니다.

동탄 호수공원

Chapter 14

# 국제 경제 도시로 거듭 태어나는 평택시 이야기

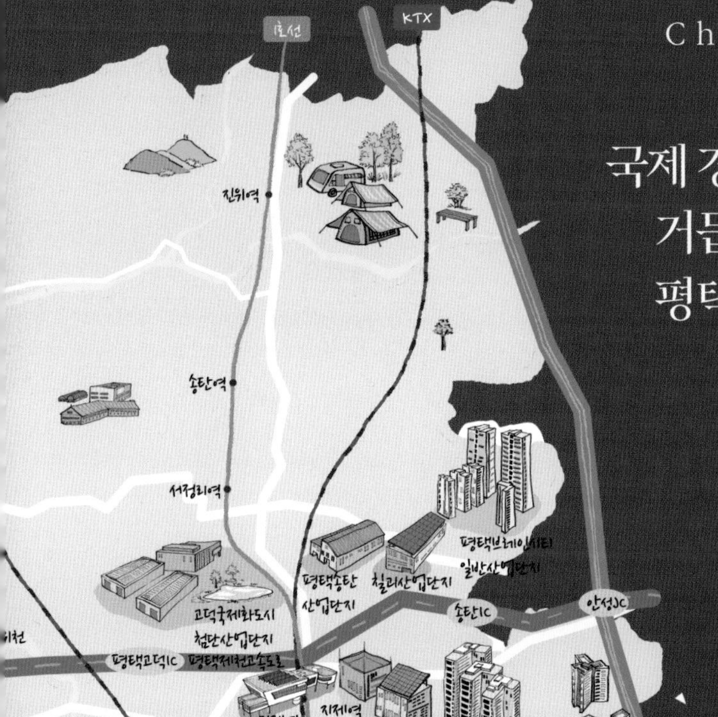
1호선
KTX
진위역
송탄역
서정리역
평택브레인시티
일반산업단지
평택송탄
산업단지
칠괴산업단지
고덕국제화도시
첨단산업단지
송탄IC
안성JC
평택고덕IC
평택제천고속도로
지제역
지제역
택지개발지구
소사벌지구
용죽지구
용이지구
평택역
평택시청
추팔산업단지
1호선
KTX

# 평택의 한 지붕 세 가족 이야기

평택시의 역사를 보면, 1986년부터 1994년까지 방영했던 MBC 드라마 〈한 지붕 세 가족〉이 생각납니다. 방영 당시에 이 드라마를 보셨다면 나이가 들통나죠. 적어도 40대 중반은 바라볼 거예요.

쩨 인기를 끌었던 이 드라마의 제목은 서로 다른 성질의 집단이 같은 카테고리로 묶인 상황을 일컫는 통상적인 표현이 되었습니다. 노태우 대통령 시절 집권당인 민주정의당과 김영삼 총재의 통일민주당, 김종필 총재의 신민주공화당이 합당한 사건이 대표적인 사례입니다. 각각의 지자체가 결합한 사례로는 통합 창원시가 처음이었다고 합니다. 2010년 7월 1일, 마산과 창원, 진해가 통합 창원시로 묶였죠. 서로 다른 지자체가 완전하게 통합하기까지는 상당한 시간을 필요로 합니다. 아직도 과거의 마산 지역에 사는 분들은 스스로를 창원시민이 아니라 마산시민으로 여깁니다. 2014년 통합된 청주시와 청원군도 마찬가지입니다. 청주 분들은 청원군 지역을 청주라고 생각하지 않습니다. '그 동네'라는 표현을 많이 쓰더라고요. 평택시도 마찬가지랍니다.

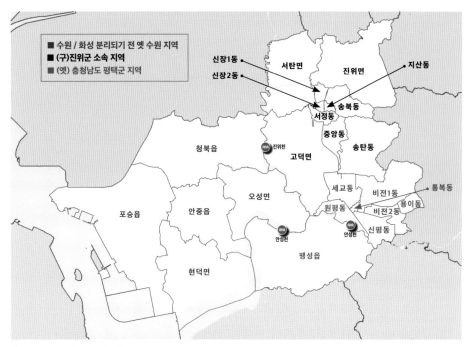

평택시의 3개 권역 지도

　　평택의 연혁을 살펴보면 세 가족이 한 지붕 아래에 살고 있는 격입니다. 일제 강점기 이전에는 3개 지역으로 나뉘어 있었지요. 지역을 구분하는 기준은 안성천과 진위천이었습니다. 진위천 서부의 평야 지역(안중읍, 포승읍 일대)은 수원에 속했고요, 안성천 북부 지역(진위면, 송탄·평택 시가지 일대)은 진위군 소속이었습니다. 안성천 이남 지역(팽성읍)은 충청남도 평택군에 속했습니다. 통합 전에는 광역 지자체조차 다른 지역이었지요.

　　이 3개 지역 중에 송탄 지역의 도시화가 가장 빨랐습니다. 1981년 송탄읍이 송탄시로 승격합니다. 이어서 1986년에는 평택읍이 평택시로 승격했지요. 이때까지도 송탄시, 평택시, 평택군이라는 3개 행정 구역이 공존했습니다. 아이러니하게도 평택시와 평택군이 동시에 존재했죠. 그러다가 1995년 지방 자치제를 실시하면서 송탄시, 평택시, 평택군이 통폐

합되어 오늘날의 통합 평택시가 되었습니다.

때문에 평택시를 제대로 이해하려면 이 3개 지역을 나누고 각 지역의 특성을 구분해서 공부할 필요가 있습니다. 송탄을 중심으로 하는 북부 지역, 비전동을 중심으로 하는 남부 지역, 안중면을 중심으로 한 서부 지역이 그것이죠. 현재 평택시청은 남부 지역에 있고, 송탄과 안중에는 각각 평택시청 출장소가 설치되어 있습니다. 왜 출장소가 2개인지 이제 이해하시겠지요?

## 영화 〈월드워 Z〉에 평택이 나온 건 우연이 아니다!

브래트 피트가 제작하고 주연을 맡은 영화 〈월드워 Z〉를 정말 재미있게 보았습니다. 그런데 이 영화에 평택이 무대로 등장합니다. 더 정확히 말하면, 평택의 미군 부대 비행장이 나오지요. 이 미군 부대 이야기를 해볼까 합니다.

영화 〈월드워 Z〉 포스터

미군 부대라고 하면 대체로 서울의 용산을 먼저 떠올릴 겁니다. 의정부나 동두천을 생각할 수도 있지요. 아니면 자신이 사는 지역에서 가장 가까운 미군 부대를 떠올릴 겁니다. 저의 경우 서울에서 태어나 살다가 경기도 북부 지역으로 이사를 갔기 때문에 서울 용산구와 동두천·의정부 지역의 미군 부대를 가장 먼저 떠올렸습니다. 그런데 최근에는 미군 부대 하면 무조건 평택을 떠올립니다. 저뿐 아니라 많은 분이 앞으로는 미군 부대와 평택을 연결 지을 것입니다. 왜냐하면 경기도에 주둔하던 미군 부대 대부분이 평택시로 집결하기 때문입니다. 크게 송탄동 쪽과 팽성읍 지역으로 이전합니다. 이전을 진행하는 동안, 그리고 그 이후에 평택은 미군과 가장 밀접한 연관 검색어가 될 것입니다.

평택의 입지 브리핑을 하면서 왜 미군 부대 이야기를 길게 하는지 궁금하시지요? 미군 부대는 지역 부동산과 경제에 아주 큰 영향을 미치기 때문입니다. 따라서 미군 부대가 평택으로 이전하는 문제는 계속 뜨거운 이슈가 될 것입니다.

평택에는 이미 미군 부대가 자리 잡고 있었습니다. 송탄부대찌개, 미쓰리버거 등 미군 부대의 영향을 받은 맛집들이 평택시에 많은 이유가 있었죠. 지금의 미군 부대 규모만으로도 평택의 이미지에 상당한 영향을 미치고 있는데, 주한 미군의 주축이라고 할 수 있는 의정부·동두천·용산의 부대가 이전 대비 5배의 부지에 집결하는 것입니다. 때문에 앞으로도 평택에서 미군의 영향력은 절대적이라고 할 수 있습니다.

그렇다면 왜 미군 부대가 평택으로 이전하는 것일까요?

여러 가지 입지상의 의미가 있겠지만, 과거에 비해 갈등 발생 가능성이 약해진 북한에 대응하기보다는 급성장하는 중국에 대비하는 전략이 하나의 중요한 이유가 아닐까 생각합니다.

두 번째 이유는 영화 〈월드워 Z〉에도 나오지만, 평택에는 큰 비행장이 있어서 공군이 주둔할 수 있습니다. 게다가 대형 선박이 들어올 수 있는 평택항이 있습니다. 해군도 주둔할 수 있는 것이죠. 게다가 험한 산지가 거의 없는 넓은 평야 지역이어서 큰 규모의 육군 부대가 주둔할 수도 있습니다. 그야말로 육해공이 함께 주둔하며 통합 작전을 펼칠 수 있습니다. 군부대 입지로는 용산이나 의정부, 동두천보다도 평택이 보다 효과적

1980년대 초 평택의 미군 헌병들(좌)과 해외 주둔 미군 부대로서는 최대 규모인 평택의 캠프 험프리 전경(우)

으로 시너지를 낼 수 있는 좋은 입지인 것이죠.

세 번째 이유는 현재 미군이 주둔하고 있는 지역보다 지가가 훨씬 저렴합니다. 용산의 일부만 팔아도 평택에서 엄청나게 넓은 부지를 확보할 수 있습니다.

이러한 이유들로 인해서 미군이 평택을 선택한 것이 아닌가 하고 제 나름 추정해봅니다. 앞으로 미군과 관련한 거의 모든 이슈는 평택으로 집중될 것이라고 말씀드린 이유이기도 합니다.

여기서 구분해야 할 사실은 미군 부대가 떠나는 곳과 들어가는 곳의 부동산 활용이 달라진다는 점입니다. 미군이 주둔하는 지역에는 긍정적인 면과 부정적인 면이 혼재할 수밖에 없습니다. 먼저 부정적인 영향부터 말씀드리겠습니다.

미군이 주둔하면서 여러 가지 지역적인 문제가 발생할 수 있습니다. 가장 큰 문제는 우리나라가 임의대로 미군 부대 주변을 개발할 수 없다는 점입니다. 대한민국 국군이 주둔한 부대 주변도 개발하기 어려운데 하물며 미군 부대에 이래라 저래라 요청하기란 더욱 어려울 테니까요. 미군 부대가 있는 곳은 무조건 미군 부대의 의견이 우선합니다. 토지 활용이나 투자에 관심이 많은 분들은 이 점을 감안하셔야 합니다. 용산이 그렇게 좋은 입지임에도 불구하고 거의 150년 동안 외국(청, 일본, 미국)의 군부대가 상주했기 때문에 지금 정도로밖에 개발할 수 없었던 것입니다.

두 번째 문제는 미군 병사들이 일으키는 범죄를 지속적으로 단속해야한다는 점입니다. 미군과 관련하여 언급하기 힘든 아픈 사건이 많았습니다. 이러한 사건들은 지역의 이미지를 깎아먹는 악재임에 분명합니다. 다시는 그런 사건들이 일어나지 않도록 미군과 한국 모두 철저한 예방책을 마련해두어야 할 것입니다.

반면에 미군이 주둔함으로써 지역의 활성화를 끌어낼 수 있습니다. 오히려 부정적인 면보다는 긍정적인 면이 더 크다고 할 수 있습니다. 먼저 지역 상권이 이전과는 다른 규모로 형성됩니다. 지금 용산구의 대표적인 상권인 이태원은 미군과 외국인만을 위한 상권이 아니라 전국구이자 글로벌 상권이 되었습니다. 이태원만으로는 부족해서 경리단길, 해방촌, 삼각지까지로 상권이 확대되었습니다. 동빙고동과 서빙고동에도 상권이 형성될 것입니다. 평택 역시 용산구의 사례를 벤치마킹해서 좋은 방향으로 이끌어야겠지요.

또한 주거 시설에 대한 수요가 추가로 발생합니다. 미군을 위한 주거 시설도 필요하지만, 상권이 커지면 상권에서 일하는 사람들을 위한 주거지도 필요해집니다. 이렇게 사람이 많아지면 행정기관도 추가로 필요해지고 이와 관련한 기업들도 들어오기 때문에 선순환 효과가 생깁니다. 실제로 최근 평택에는 일차적으로 외국인의 임대

서울 용산 이태원(위)과 경리단길(아래)

수요를 겨냥한 수익형 주택 분양이 꽤 많이 이루어지고 있습니다. 물론 수익성을 꼼꼼히 다져봐야겠지만, 수요가 커지는 것만으로도 향후 평택시의 주거 환경에 긍정적인 영향을 미칠 것으로 전망합니다.

용산에서는 장교급 미군의 경우 아파트를 임대하는 비용이 월 300만 ~400만 원 정도였습니다. 영관급 장교는 월세 1,000만 원 전후의 주택에 거주하기도 했습니다. 물론 용산에 비하면 평택은 지가가 낮고 서울 같은 생활편의 시설이 갖추어져 있지 않으며 교통 환경도 부족하기 때문에 그 정도까지의 임대료를 기대할 수는 없습니다. 그래도 평택의 기존 주택을 임대하면서 얻는 수익보다는 높은 수익률을 기대할 수 있습니다. 하지만 이것은 어디까지나 보너스입니다. 주거 시설에 대한 내국인의 수요가 많아진다는 것이 가장 기대되는 호재가 되겠지요.

## 평택은 대한민국에서 가장 유명한 국제도시가 될 것이다!

최근 몇 년 동안 대한민국 대규모 부동산 개발 분야에서 평택은 또 하나의 주인공이었습니다. 부동산 개발의 핵심 지역으로 많은 사람이 평택에 관심을 가질 수밖에 없는 이유는 미군이 평택을 선택한 이유와 같습니다. 육해공 개발이 모두 가능한 지역이기 때문입니다. 특히 땅이 평탄하고 넓으며 저렴하기 때문에 중요한 업무 시설인 산업단지 개발지로는 천혜의 입지지요. 무엇보다도 수도권의 편리한 교통망을 이용할 수 있다는 장점이 있습니다. 게다가 평택항을 확대 개발하면 인천이나 부산 같은 역할을 할 수도 있습니다. 또한 미군이 중국에 대응하기 좋은 위치라는 것은 우리나라가 중국과 무역하기에 좋은 입지라는 의미이기도 합니다. 그야말로 국제적인 기업 도시가 될 수 있는 수도권 최고의 입지라고 할 수 있습니다.

놀라운 사실은 평택이 외부에 알려진 인지도와는 달리 그동안 부동산 개발이 제대로 이루어지지 않았다는 점입니다. 일반인들에게는 잘 알려지지 않은 몇 개의 중소 산업단지와 평택시청이 있는 남부 지역의 택지개발지구(비전동, 세교동, 신평동 등)가 그나마 평택시가 내세울 만한 주요 부동산 시설이었습니다. 이를 반대로 생각하면 대규모 개발이 추진되지 않았기 때문에 업무·상업·주거 시설을 비롯하여 기타 지원 시설 등의 부동산 시설을 백지 상태에서 원하는 방향대로 개발할 수 있는 최적의 입지가 되는 셈입니다.

여러 가지 평택의 개발 계획 가운데 특히 고덕 산업단지가 가장 큰 관심을 받았습니다. 대한민국 대표 기업인 삼성전자가 무려 21조 원을 투자해서 입주했고, 앞으로도 계속 투자하겠다고 발표했기 때문입니다. 또하나의 대표 기업인 LG전자도 기존의 공장을 대규모로 확장하겠다고 발표했습니다. 이 2개 기업만이 아닙니다. 산업단지 개발 계획이 추가적으로 진행되고 있습니다.

평택항 역시 확장을 추진하고 있습니다. 평택항은 향후 대한민국의 대중국 무역 동선의 거점이 될 가능성이 매우 큽니다. 국제도시로서 큰 역할을 하게 될 것이라는 의미입니다. 평택에는 업무 시설을 개발할 계획만 있는 것이 아닙니다. 평택호 관광단지 개발사업도 더 많은 사람을 유인하는 호재가 될 것입니다.

이러한 여러 가지 개발을 효과적으로 추진하기 위해서 교통망을 확충하면 평택은 경기도의 끝 지역이 아니라 서울·수도권을 경기도 이남 지역과 이어주는 중심지로서 역할을 하게 될 것입니다. 국내에서도 지속적인 관심 대상으로 부각되는 동시에 국제적인 위상 역시 높아질 수밖에 없습니다. 이처럼 평택은 이전과는 전혀 다른 차원의 도시로 성장해가는 중입니다.

## 호재가 개발로 현실화되고 있는 도시, 평택!

13장에서 화성은 도시 전체가 개발 중이라고 말씀드렸습니다. 평택도 마찬가지입니다. 오히려 대외적인 위상은 화성보다 더 클 수도 있습니다. 화성은 국내 산업단지와 명품 주거단지 위주로 개발 중이지만, 평택은 국제화 도시를 지향하는 개발이니까요. 평택은 말 그대로 도시의 역사를 새로 쓰고 있습니다.

평택의 개발 방향을 크게 5개의 호재로 정리해보겠습니다.

첫째, 엄청난 규모의 산업단지가 개발되고 있습니다. 이 대규모 산업단지에 삼성전자와 LG전자를 유치했다는 사실은 평택시의 가장 큰 자랑거리가 되었습니다.

둘째, 이 산업단지에서 근무하는 근로자들을 위한 대규모 택지개발지구, 즉 주거단지들이 개발되고 있습니다. 고덕 국제신도시 내 주거 지역

평택호 관광단지 개발 계획 조감도 ⓒ 평택시청

에는 약 14만 명이 거주할 수 있는 규모로 개발을 진행 중입니다. 이미 많은 아파트가 입주한 소사벌 택지지구를 비롯하여 다양한 택지개발지구가 있습니다.

셋째, 평택항을 확대 개발함으로써 평택시는 수도권 도시 가운데 인천과 더불어 항구도시로서의 장점이 강화되었습니다. 평택항은 군사항으로도, 무역항으로도 모두 활용 가능합니다. 특히 대중(對中) 무역에 있어서 전초기지가 될 수밖에 없는 입지입니다.

넷째, 관광지로서의 역할입니다. 얼마 전 정부는 1조 8,000억 원 규모의 자금을 투입하여 평택호 관광단지를 개발하겠고 발표했습니다. 평택호 주변 현덕면 일대에 90만 평 규모의 국제적인 관광단지를 조성하는 사업입니다. 업무 시설 외에 많은 사람이 평택을 찾게 만들 또 하나의 매력적인 엔진을 추가하게 되었습니다.

마지막으로 미군 기지 이전 사업입니다. 이미 평택에는 대규모의 미군 기지가 있습니다. 하지만 수도권 곳곳에 퍼져 있던 미군 기지들을 평택에 집결시킴으로써 군부대로서의 시너지 효과를 증폭시키려 하고 있습니다. 물론 미군 부대 유치는 호불호가 나뉩니다. 하지만 지역의 거주·활동 인구가 증가하고 그에 따라 상권과 주거 지역이 늘어나는 효과를 기대할 수 있으므로 평택시로서는 호재가 아닐 수 없습니다.

이렇게 많은 일이 평택시에서 계속 펼쳐지고 있습니다. 지금부터 지역별로 이 호재들이 어떤 모습으로 구현될지 구체적으로 살펴볼까요?

# 대한민국 산업의 중심지로 거듭나는 미래 도시

동네
이야기
1

## 오리지널 평택시, 송탄(송탄·지산·서정·중앙·신장동, 서탄·진위면)

평택은 크게 3개 권역으로 구분된다고 말씀드렸습니다. 송탄 권역은 평택시의 구도심입니다. 기존의 평택시에 대한 이미지는 바로 이 송탄 지역의 이미지일 것입니다. 미군 부대와 그 앞의 상권들, 공장들, 주거 시설 등 작은 평택시라고 할 수 있을 정도로 주요 업군이 집결해 있습니다. 송탄

송탄역 주변(좌)과 서정동에 위치한 평택롯데캐슬(우)

송탄 권역. 송탄동, 지산동, 서정동, 중앙동, 신장동, 서탄면, 진위면을 포함한다

부대찌개라는 음식 이름이 널리 알려질 만큼 미군 문화와 관련성이 높은
지역이기도 합니다.

송탄 권역은 송탄역을 중심으로 도시화되어 있습니다. 북쪽부터 신장
동, 지산동, 서정동, 이충동(행정동인 중앙동에 속하는 동)이 메인 지역입니다.
특히 서정리역이 있는 서정동이 가장 중심지입니다. 남부 권역인 평택동
(신평동에 속하는 동) 주변의 택지개발지구가 개발되기 전인 2007년까지는
서정동이 평택시의 중심가였습니다.

송탄 권역은 현재의 평택시보다는 오산시와 성격이 유사합니다. LG
전자의 배후 도시 역할이라든가 상권이 형성된 모습, 아파트가 밀집한 형
태가 그렇습니다. 지산동과 이충동에 아파트 단지가 많은데, 이들 단지와
철도 사이에 단단한 상권이 형성되어 있습니다.

신장동이 뉴타운으로 지정되어 개발될 계획이었지만, 고덕 신도시에 개발 순서가 밀리면서 뉴타운도 해제되었습니다. 하지만 오산시와 평택시를 연결하는 중요한 역할을 하게 될 지역이므로 향후에 어떤 형태로든 정비될 가능성이 큽니다.

<table>
<tr><td>동네<br>이야기<br>2</td><td>평택 개발의 중심, 고덕면</td></tr>
</table>

기존 평택시의 도심은 남동쪽으로 치우쳐 있습니다. 그래서 북쪽과 서쪽으로 점점 발전하고 있는 평택시를 지금의 비전동에서 모두 아우르기에는 지역적인 한계가 있어 보입니다. 그래서 고덕면이 눈에 띕니다. 지리적으로 통합 평택시의 한가운데에 위치하고 있기 때문입니다. 삼성이 고

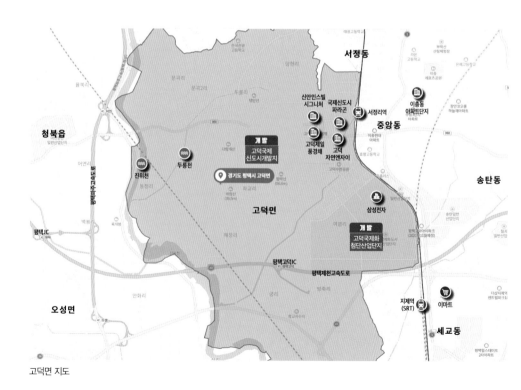

고덕면 지도

덕면을 택한 이유도 다분히 이러한 입지적 요소 때문이었을 것입니다.

고덕 국제신도시 지구는 530만 평 규모이고, 이곳에 수용될 인구는 약 15만 명입니다. 현재 하남시 인구가 15만 명이니까, 고덕지구가 하남시 역할을 한다고 보면 됩니다. 지금 현재로서는 고덕면이 평택시의 중심이 아니지만, 향후에는 고덕 국제신도시가 평택의 중심이 될 가능성이 크고 기존 도심들은 고덕 국제신도시와 연계하기 위한 노력을 기울일 것으로 보입니다.

고덕 국제신도시에는 고덕 국제화 첨단산업단지가 포함되어 있는데, 수도권 전철 1호선이자 경부선인 지제역 부근에 조성되고 있습니다. 지제역이 SRT 수서평택고속선 역사가 된 이후로 교통 환경이 광역화되었습니다.

고덕 국제신도시 개발로 인해 평택시 북부 지역에서 오랜 기간 중심지 역할을 해왔던 송탄 권역이 더욱 활성화될 것으로 예상됩니다. 따라서 송탄 시가지가 재개발에 들어갈 경우에는 고덕 국제신도시와 시너지를 주고받을 것으로 보입니다. 그렇게 되면 인근의 안성시나 용인시에서도 많은 인구가 유입될 가능성이 커집니다. 그리고 SRT 노선 지제역의 이용객이 늘어나면 화성시 동탄 신도시, 서울 강남권 지역과의 연계성도 높아질 것입니다. 2019년 6월 입주한 고덕국제신도시파라곤, 2019년 7월 입주한 고덕자연앤자이, 2019년 11월 입주한 고덕신도시제일풍경채, 2020년 4월 입주한 신안인스빌시그니처 등이 평당 1,900만 원으로, 평택시 전체에서 최고가 시세를 형성하고 있는 것이 바로 이런 이유 때문이겠지요.

# 평택시 중심지 비전동 권역(비전·세교·통복·신평·원평동, 팽성읍)

2020년 12월 현재 비전 1동 인구가 8만 1,000명, 비전 2동 인구가 5만 3,500명입니다. 평택시 내 행정동 중에는 비전동의 인구가 가장 많고, 중심지 역할을 하고 있습니다. 평택시의 남동쪽에 치우쳐 있다는 사실만 제외한다면 모든 것을 다 갖춘 거의 완벽한 도심입니다. 평택시청이 위치하고 있고, 경찰서 등의 각종 관공서도 대부분 비전동에 있습니다. 아파트 단지도 가장 많고 교육 환경 역시 가장 좋습니다. 특히 평택고등학교는 다른 지자체에서 유학(?)을 올 만큼 명문으로 평가받습니다.

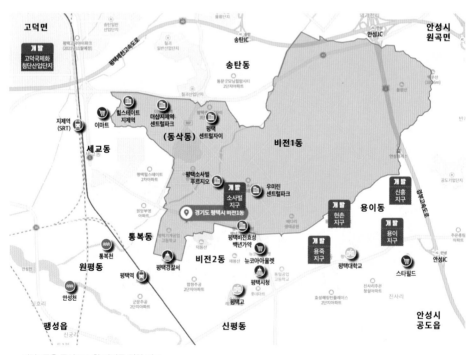

비전 1동을 중심으로 한 비전동 권역 지도

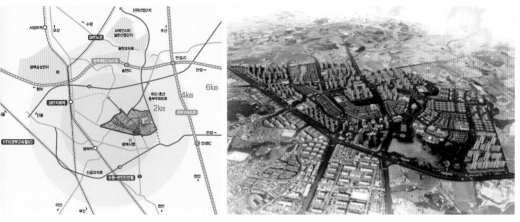

소사벌 택지지구 위치(좌)와 개발 계획 조감도(우)

기존의 비전동 택지개발지구 개발이 완료되자 그 주변 지역으로 개발을 확대하고 있습니다. 용죽지구, 현촌지구, 용이지구, 신흥지구가 현재 개발 중인데, 최근 이 지역에서 분양한 아파트들 모두 분양이 잘 되었습니다.

평택시의 택지개발지구 중에 가장 대표적인 곳이 소사벌 택지지구입니다. 이곳에 입주가 시작되기 전까지 비전동에서 가장 비싼 아파트는 평택비전효성백년가약아파트였는데, 소사벌 택지지구 내에 신규 아파트 입주가 시작되면서 현재는 2016년 4월 입주한 우미린센트럴파크, 2019년 2월 입주한 평택소사벌푸르지오의 시세가 훨씬 더 비쌉니다.

비전동 북서쪽이 세교동과 동삭동(비전 1동에 속하는 동)인데, 향후 이 지역의 시세가 상승할 것입니다. 비전동이 가지고 있는 유일한 단점이 철도교통망이 부재한다는 점인데, 세교동과 동삭동은 SRT와 KTX 지제역의 영향권이어서 비전동의 약점을 극복할 수 있는 지역이기 때문입니다. 강남구 수서동에서 출발하는 SRT는 지제역까지 25분이면 도착해서 서울과의 접근성이 획기적으로 개선됩니다.

동삭동에 분양한 평택센트럴자이(자이더익스프레스)라는 대단지의 분양 마케팅 전략이 바로 이 KTX 역세권임을 내세우는 것이었습니다. 그만큼 2016년의 SRT 개통과 2024년에 추가 개통할 수원발 KTX는 평택 남부 권역에서 가장 큰 호재가 아닐까 생각합니다. 2020년 12월 입주한 힐스테이트지제역, 2019년 9월 입주한 더샵지제역센트럴파크 1·2·3단지, 2019년 1월 입주한 평택센트럴자이 3단지가 상위의 시세를 보이는 것도 이런 이유 때문이겠지요.

동네 이야기 4

## 국제화 도시의 핵심, 안중읍(안중·포승·청북읍, 현덕·오성면)

평택 서부 권역의 중심은 안중읍입니다. 서부 권역은 안중읍 외에 포승읍, 현덕면, 오성면, 청북읍으로 구성되는데, 평택시청 출장소가 안중읍에 있습니다.

안중읍의 최대 이슈는 서해안 복선 전철 안중역 개발입니다. 그동안 철도망과는 전혀 인연이 없던 지역이었기 때문에 철도가 연결되고 역세권이 형성된다는 사실에 대단히 큰 기대를 하고 있습니다. 단순히 전철역 한 개만 신설되는 것이 아니라 주변 개발 계획이 함께 추진되고 있다는 것이 안

아산 산업단지 포승지구 위치

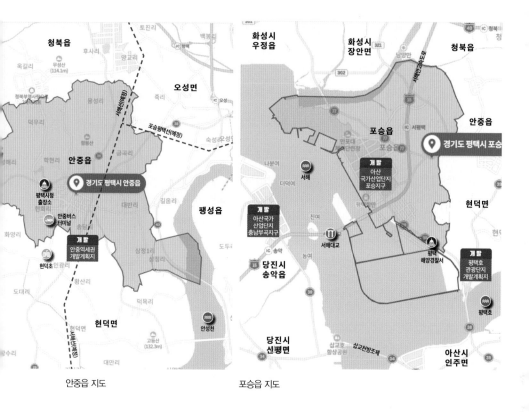

안중읍 지도                    포승읍 지도

중역세권 개발의 진정한 의미라 할 수 있습니다.

　서부 권역 개발의 중심에는 포승읍도 포함됩니다. 국제화 도시, 평택시의 완성은 포승읍에서 이루어집니다. 바로 평택항이 있는 곳이죠. 평택항 개발은 지금까지 소외되었던 평택 서부 지역에 상주인구와 유동 인구를 늘릴 호재가 아닐 수 없습니다. 평택항이 개발되면 그 배후 지역도 활성화될 것입니다.

　평택시에서 가장 큰 산업단지 역시 포승읍에 있습니다. 서해안고속도로를 타고 가다가 평택에서 당진으로 넘어가는 서해대교로 들어서기 직전 오른쪽에 보이는 광활한 산업단지가 바로 아산 국가 산업단지 포승지구입니다. 그 주변으로 계속 산업단지가 확장될 예정입니다. 또한 지금은 주춤하지만, 황해 경제자유구역이 다시 추진되면 당진과 평택 서부 지역의 중심으로 다시 한번 크게 주목받을 것입니다.

　서부 권역의 또 다른 핵심 개발로 평택호 관광단지 사업이 있습니다. 2013년 민간 사업자 공모에서 SK건설 등이 우선 협상자로 선정되었고, 평택호 주변 273만 3,000㎡ 부지에 1조 9,000억 원을 투자해 국제 관광단지를 조성할 계획이었습니다. 하지만 평택시가 30년간 2,456억 원을 세금으로 납부해야 한다는 조건을 제시하면서 결국 사업이 무산되었습

니다. 하지만 현재 평택도시공사로 사업 시행자가 변경되어 토지 보상 등을 계획 중입니다. 영국 런던 템스강변의 런던아이를 벤치마킹하여 대규모 생태 테마파크로 개발한다고 합니다. 평택시는 업무·주거 지역뿐 아니라 관광지로서도 새롭게 거듭나게 되는 것입니다.

평택호

# 한층 진화한 개발 방향을
# 제시하는 평택시

평택시에는 브레인시티 첨단복합 산업단지 개발 계획이 서 있습니다. 도 일동(송탄동) 일원 482만 4,912㎡ 부지에 글로벌 교육· 연구·문화·기업 시설이 들어서는 지식 기반 도시를 조성하는 사업입니다. 상업 시설과 주거 시설도 함께 개발합니다. 평택시는 일반 기업만을 유치하는 기존의 산업단지에서 탈피하여 4차 산업을 선도하는 기업들을 유치하여 글로벌 복합산업단지를 구성하겠다는 계획을 세우고 사업을 두 가지 단계로 분리하여 진행합니다. 1단계는 평택도시공사(공공)가 직접 산업 시설 용지로 개발·분양하고, 2단계는 브레인시티 프로젝트 금융 투자(공공 SPC, 공공 특수목적법인)가 학교 시설 용지와 복합 용지, 지원 시설 용지 등을 개발할 예정입니다.

이 브레인시티 개발사업은 향후 산업단지 개발의 모델 역할을 하게 될 것입니다. 단순히 대규모 공장 부지만을 제공하는 기존의 방식이 아닙니다. 국내 최초로 대학교가 중심이 되어 국제 공동 연구소와 첨단 기업 등 산·학·연이 함께 들어서는 복합산업단지로 조성하고 있습니다. 이를 위해서 성균관대학교를 비롯하여 유명 대학교를 유치하고 있으며, 국제

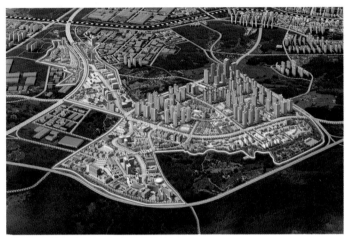

브레인시티
조감도

공동 연구소에서 공급하는 인재풀을 통해 혁신적인 연구 개발 활동을 할 예정이라고 합니다. 삼성전자와 LG전자가 적극적으로 평택에 투자하게 된 이유가 여기에 있습니다.

고덕면의 고덕 산업단지에 들어서 있는 삼성전자와 오산시에서 확장되어 오는 LG전자 등이 형성하는 대한민국 최고의 최첨단 산업 벨트가 등장할 곳이 바로 평택시입니다. 일반적으로 개발을 할 때는 금융기관의 지원을 받기 위해 여러 가지 노력을 하기 마련인데, 평택시만은 오히려 금융기관이 투자를 하려고 줄을 서고 있다는 사실만 봐도 개발 가능성이 매우 크다는 점을 보여준다고 할 수 있습니다.

### 평택은 이제 대한민국의 중심지!

부동산 입지를 평가하는 가장 중요한 요소가 교통입니다. 교육 환경, 업무 시설, 상권, 자연환경 모두 중요하지만, 이 모든 조건을 충족시키는

의 라벨:
LG Digital Park일반산업단지(LG전자)
서탄(구,유창)일반산업단지
진위2일반산업단지(LG전자 등)
진위일반산업단지
어연한산업일반산업단지
오성일반산업단지
고덕일반산업단지(삼성전자)
진위3 일반산업단지
서탄면
진위면
브레인시티 일반산업단지
현곡일반산업단지
드림테크일반산업단지
신장1동
신장2동
송북동
지산동
칠괴일반산업단지
고렴일반산업단지
청북읍
서정동
중앙동
송탄동
평택일반산업단지
고덕면
아산국가산업단지 포승지구
오성면
세교동
비전1동
포승읍
안중읍
통복동
비전2동
포승2일반산업단지
원평동
신평동
송탄일반산업단지
황해경제자유구역
현덕면
평성읍
장당일반산업단지
추팔일반산업단지
조성완료 산업단지
추진 중인 산업단지

평택시에 조성되고 있는 산업단지 현황

바탕이 되는 요소가 바로 교통입니다. 평택은 수도권 교통의 요지입니다. 아니, 수도권과 수도권 이남 지역을 이어주는 교통의 중심지입니다. 대한민국 산업의 척추라 할 수 있는 경부고속도로와 서해안고속도로가 평택을 지나고, 평택제천고속도로, 평택화성고속도로, 평택시흥고속도로도 지납니다. 뿐만 아니라 중요한 대부분의 국도 역시 지납니다. 국도 1호선과 38호선, 39호선, 43호선, 45호선, 77호선, 82호선 등 수도권과 연결된 메인 도로는 다 지나간다고 보면 됩니다. 세부적인 지방도로는 말할 것도 없고요.

이처럼 평택은 가장 중요한 기반 시설인 도로망이 이미 갖추어진 지역입니다. 이제 그 안을 채울 하드웨어와 소프트웨어만 공급하면 되는 것이지요. 이미 화려한 스타트를 끊었습니다. 고덕 국제신도시가 그 대표선수가 될 것입니다. 평택항 개발과 브레인시티 개발이 그 뒤를 이을 것이고요. 유일한 약점이었던 철도망도 점점 좋아지고 있습니다. 2016년 개통한 SRT 수서~평택선과 2024년 개통할 수원발 KTX, 그리고 연장되는 서해선과 포승평택선 등은 평택시의 새로운 동력이 될 것입니다.

이제 수도권의 변두리 지역이 아니라 수도권의 핵심 자원으로, 대한민국의 중심 업무 지역으로 도약하는 평택시의 가까운 미래를 기쁜 마음으로 지켜보는 일만 남아 있습니다.

## ＝지역의 성격이 변화하는 곳을 살펴보라

### 매립지를 주목하세요!

대한민국의 면적은 매년 커지고 있습니다. 특히 서해안에 접하고 있는 광역 지자체들의 면적이 계속 커지는 중입니다. 바다를 땅으로 바꾸는 간척 사업을 하기 때문입니다. 평택도 마찬가지입니다. 아산만 방조제 주변으로 계속 육지가 생겨나고 있습니다.

평택시 재개발 구역 현황

| 시군구 | 읍면동 | 구역 | 단계 | 건립예정 세대수 | 대지면적(㎡) | 시공사 |
|---|---|---|---|---|---|---|
| 평택시 | 세교동 | 세교 2구역 | 기본계획 | – | 45,171 | |
| 평택시 | 신장동 | 신장서정동 일대 37구역 | 기본계획 | – | – | |
| 평택시 | 신장동 | 신장 R1 | 구역지정 | 763 | 67,605 | |
| 평택시 | 신장동 | 신장 R2 | 구역지정 | 1,423 | 171,279 | |
| 평택시 | 세교동 | 세교 1구역 | 관리처분 | 1,121 | 67,746 | 요진건설산업㈜ |

**평택시 재건축 단지 현황**

| 시군구 | 읍면동 | 재건축 단지명 | 준공연월 | 사업단계 | 총 세대수 | 건립예정<br>세대수 | 시공사 |
|---|---|---|---|---|---|---|---|
| 평택시 | 합정동 | 주공 1단지 | 1989년 1월 | 조합설립인가 | 350 | 1,871 | **현대건설㈜** |
| 평택시 | 합정동 | 주공 2단지 | 1989년 1월 | 조합설립인가 | 1,024 | 1,871 | **현대건설㈜** |
| 평택시 | 합정동 | 주공 3단지 | 1992년 4월 | 조합설립인가 | 480 | 1,871 | **현대건설㈜** |

　이처럼 면적이 넓어지는 곳은 주목할 필요가 있습니다. 새롭게 생긴 부지는 나라의 땅이기 때문에 어떤 용도로든지 활용 가능합니다. 인천 서구의 청라, 중구의 영종, 연수구의 송도는 매립지 개발의 대표적인 성공 사례로 볼 수 있습니다.

　새만금이 언론의 주목을 많이 받았던 것은 서울보다 훨씬 넓은 면적이 새롭게 생겨나는데 이를 어떻게 활용할 것인가를 놓고 갑론을박이 분분했기 때문입니다. 의견이 다양하고 논쟁이 거세다는 것은 좋은 일입니다. 그만큼 다양한 용도로 활용이 가능할 테니까요. 점점 넓어지고 있는 평택시도 이 매립지들을 관광지로, 항만 시설로, 산업단지로 활용할 예정이라고 합니다. 평택시의 미래가 더 넓어지겠네요.

충남 아산과 경기도 평택을 연결하는 아산만 방조제 / 출처 : 국가기록원

## 관광지로 거듭나는 지역을 주목하라!

평택시의 미래 먹거리는 산업단지만이 아닙니다. 관광지로서도 매력적인 시설이 많이 개발됩니다. 대표적인 시설이 평택호 관광단지입니다. 사람이 많이 몰리는 입지가 좋고 비쌉니다. 서울의 중심지가 비싼 이유지요. 서울은 업무 시설도 많지만, 상업 시설과 주거 시설도 많습니다. 이 3가지 요소가 겹쳐 있기 때문에 시세가 높은 것이죠.

반면에 서울을 관광지로 생각하는 분들은 그리 많지 않을 것 같습니다. 하지만 서울은 분명 매우 뛰어난 관광지입니다. 서울에 사는 분들은 의식하지 못할지도 모르지만, 지방 분들에게 서울은 꼭 한 번 가보고 싶

평택 바람새마을의 소풍정원 풍경

은 곳입니다. 그리고 사람들이 찾게 만드는 훌륭한 시설도 많습니다.

평택시는 미군과 관련한 식당이나 상권을 제외하면 그동안 특별한 관광 시설이 없었습니다. 하지만 평택호 관광단지라는 거대한 시설이 드디어 들어서게 되었습니다. 이 주변은 업무 시설로도, 상업 시설로도, 주거 시설로도 개발이 함께 추진되기 때문에 반드시 눈여겨봐야 할 중요한 입지입니다.

# 군사 요충지는
# 대체로 명당이다

무봉산(舞鳳山), 경기도 평택시 진위면 신호리에 위치한 산입니다. 봉황이 춤을 춘다는 뜻이지요. 무봉이라는 이름에서 보통 2가지를 생각해볼 수 있습니다. 하나는 천의무봉(天衣無縫)이라 해서 선녀의 옷처럼 바느질한 자리가 없는 옷이라는 의미가 있습니다. 즉 완벽하다는 뜻입니다. 두 번째 의미로는 산이기는 한데 봉우리가 없는(無峰) 산이라는 의미를 연상하게 됩니다. 산은 꼭대기에 봉우리가 있어야 하는데, 중국 만주의 이름 모를 산들이나 개마고원처럼 크고 넓은 산지에서는 봉우리가 별 의미가 없습니다. 고산 지대에서는 그것이 그것 같으니까요. 두 가지 해석 모두 좋은 메시지를 줍니다. 하지만 개인적으로는 '봉황이 춤을 춘다'는 평택 무봉산의 의미가 풍

평택 무봉산에 위치한 청소년수련원

평택 무봉산에 위치한 만기사

수적으로는 가장 좋다고 생각합니다.

무봉산은 낮습니다. 200미터 조금 넘는 높이니까요. 하지만 낮은데도 불구하고 평택이라는 도시의 변화를 고스란히 지켜봐온 명산의 위용을 갖추고 있습니다. 주변의 모든 움직임을 살필 수 있는 입지이기 때문에 조선시대에는 산성이 있기도 했습니다. 군사적인 활용도가 높은 곳은 풍수적으로도 매우 의미가 큽니다. 미군 부대의 위치를 주목하라는 의미가 여기에도 적용되는 것이지요.

평택이라는 대한민국의 명당에서 봉황이 춤을 춥니다. 향후 20년간의 평택을 주목할 수밖에 없는 이유입니다. 무봉산에 올라 평택이 국제화 도시로 변모하는 모습을 함께 지켜보시죠.

# 신규 조정 대상
# 지역
# 정밀 분석

국토교통부는 주거정책심의위원회 심의를 거쳐 최근 가격 불안이 지속되는 경기도 김포시(통진읍, 월곶면, 하성면, 대곶면은 제외), 부산광역시 해운대·수영·동래·연제·남구, 대구광역시 수성구를 2020년 11월 20일부터 조정 대상 지역으로 신규 지정했습니다. 조정 대상 지역으로 지정된 지역은 세제가 강화, 즉 다주택자 양도세 중과·장기보유특별공제 배제, 조정 대상 지역 내 2주택 이상 보유자 종합부동산세 추가 과세 등이 적용됩니다. 금융 규제도 강화됩니다. LTV(주택담보대출 비율) 9억 원 이하 50%, 초과 30%를 적용하고, 주택 구입 시 실거주 목적이 아닌 주택담보대출은 원칙적으로 금지되며, 청약 규제 등도 강화됩니다.

조정 대상 지역으로 지정한 이유는 6·17 대책에 따라 규제 지역으로 지정된 수도권 일부 지역 집값의 상승폭이 둔화되었으나, 10월 중순 이후 비규제 지역과 교통 호재가 있는 일부 지역의 상승폭이 확대되고 있다고 분석했기 때문으로 보입니다. 특히 김포시는 서부권 급행 철도(제4차 국가 철도망 구축 계획에서 검토 중)에 대한 지역의 기대감이 커지고 최근 외지인의 투자 비중이 증가하면서 주택 가격이 급등하는 등 과열 양상이 심화되고 있다고 밝혔습니다. 정부가 발표한 자료에

**규제 지역 지정 현황** (2020년 11월 19일 발표)

| 지역 | 투기과열지구(48개) | 조정대상지역(75개) |
|---|---|---|
| 서울 | 전 지역(2017년 8월 3일) | 전 지역(2016년 11월 3일) |
| 경기 | 과천(2017년 8월 3일), 성남분당(2017년 9월 6일), 광명, 하남(2018년 8월 28일), 수원, 성남수정, 안양, 안산단원, 구리, 군포, 의왕, 용인수지·기흥, 동탄 2(2020년 6월 19일) | 과천, 성남, 하남, 동탄 2(2016년 11월 3일), 광명(2017년 6월 19일), 구리, 안양동안, 광교지구(2018년 8월 28일), 수원팔달, 안양만안, 의왕(2020년 2월 21일), 고양, 남양주<sup>주1)</sup>, 화성, 군포, 안성<sup>주2)</sup>, 부천, 안산, 시흥, 용인처인<sup>주3)</sup>, 오산, 평택, 광주<sup>주4)</sup>, 양주, 의정부(2020년 6월 19일), 김포<sup>주5)</sup>(2020년 11월 20일) |
| 인천 | 연수, 남동, 서(2020년 6월 19일) | 중, 동, 미추홀, 연수, 남동, 부평, 계양, 서(2020년 6월 19일) |
| 대전 | 동, 중, 서, 유성(2020년 6월 19일) | 동, 중, 서, 유성, 대덕(2020년 6월 19일) |
| 부산 | – | 해운대, 수영, 동래, 남, 연제(2020년 11월 20일) |
| 대구 | 수성(2017년 9월 6일) | 수성(2020년 11월 20일) |
| 세종 | 세종(2017년 8월 3일) | 세종<sup>주6)</sup>(2016년 11월 3일) |
| 충북 | – | 청주<sup>주7)</sup>(2020년 6월 19일) |

주1) 화도읍, 수동면 및 조안면 제외 / 주2) 일죽면, 죽산면, 죽산리·용설리·장계리·매산리·장릉리·장원리·두현리 및 삼죽면 용월리·덕산리·율곡리·내장리·배태리 제외 / 주3) 포곡읍, 모현읍, 백암면, 양지면 및 원삼면 가재월리·사암리·미평리·좌항리· 맹리·두창리 제외 / 주4) 초월읍, 곤지암읍, 도척면, 퇴촌면, 남종면 및 남한산성면 제외 / 주5) 통진읍, 대곶면, 월곶면, 하성면 제외 / 주6) '신행정수도 후속대책을 위한 연기·공주지역 행정중심복합도시 건설을 위한 특별법' 제2조 제2호에 다른 예정지역에 한함 / 주7) 낭성면, 미원면, 가덕면, 남일면, 문의면, 남이면, 현도면, 강내면, 옥산면, 내수읍 및 북이면 제외

출처: 국토교통부

따르면 김포시 아파트 매매 중 외지인 매수 비중이 2019년 11~12월에는 25.4%였다가 2020년 6~9월에는 42.8%로 증가했다고 합니다.

여기서 한 가지 팩트를 체크해볼까요. 어쨌든 이런 상황에서도 58.2%는 김포시 자체의 내부 수요였다는 점입니다. 그렇다면 내부 수요층은 실수요이고 외지인 매수는 투자수요라고 판단하면 되는 것일까요? 아닙니다. 이렇게 분석하면 엉뚱한 해석을 낳습니다. 김포시 거주민들이 사면 실수요이고 외지인이 사면 투자수요라는 관점에서 정책이 수립되었지만, 오히려 그 반대일 가능성이 예상 외로

**조정 대상 지역의 규제 내용 (2020년 11월 19일 발표)**

| | |
|---|---|
| 금융 | • VT: 9억 원 이하 50%, 9억 원 초과 30%, DTI 50%<br>(서민·실수요자) 10%p 우대 |
| | • 중도금 대출 발급 요건 강화(분양가격 10% 계약금 납부, 세대당 보증건수 1건 제한) |
| | • 2주택 이상 보유 세대는 주택 신규 구입을 위한 주택담보대출 금지(LTV 0%)<br>• 주택 구입 시 실거주목적 제외 주택담보대출 금지<br>(예외) 무주택 세대가 구입 후 6개월 내 전입, 1주택 세대가 기존 주택 6개월 내 처분·전입 시 |
| 세제 | • 다주택자 양도세 중과, 장기보유특별공제 배제(2주택: +20%p, 3주택: +30%p) |
| | • 분양권 전매 시 양도세율 50% |
| | • 2주택 이상 보유자 종합부동산세 추가 과세(+0.6~2.8%p 추가 과세) |
| | • 일시적 2주택자의 종전 주택 양도기간(1년 이내 신규 주택 전입 및 1년 이내 양도) |
| | • 1주택 이상 자 신규 취·등록 임대주택 세제혜택 축소(양도세 중과, 종합부동산세 합산 과세) |
| 전매<br>제한 | • 주택 분양권 전매제한(1지역: 소유권 이전 등기 시, 2지역: 1년 6개월, 3지역: 6개월) |
| | • 오피스텔 분양권 전매제한(소유권 이전 등기 또는 사용승인일로부터 1년 중 짧은 기간) |
| 청약 | • 1순위 자격 요건 강화 및 일정 분리<br>청약통장 가입 후 2년 경과 + 납입 횟수 24회 이상<br>5년 내 당첨자가 세대에 속하지 않을 것, 세대주일 것<br>(국민, 민영 가점제) 무주택자, (민영 추첨제) 1주택 소유자<br>*추첨제의 75%는 무주택자, 25%는 기존 주택 처분 조건 1주택자 공급 |
| | • 가점제 적용 확대(85㎡ 이하 75%, 85㎡ 이상 30%) |
| | • 가점제 적용 배제(가점제 당첨된 자 및 가점제 당첨된 세대에 속하는 자는 2년간 가점제 적용 배제) |
| 기타 | • 주택 취득 시 자금조달계획서 신고 의무화(기존 주택 보유 현황, 현금 증여 등) |

출처: 국토교통부

크다는 사실을 체크해볼 필요가 있습니다.

예를 들어보겠습니다. 김포시 주거 소유자가 김포시의 신규 아파트를 분양받습니다. 투자 목적이든 이사 목적이든 말이죠. 여기서는 이사할 목적으로 분양을 받았다고 가정해보겠습니다. 2020년은 김포시 입주 물량이 사상 최대였습니다. 김포시 아파트 재고량이 14만 세대 정도인데, 2020년에만 무려 1만 6,888세대가 입주했습니다. 그런데 입주를 준비하는 시점에 김포시 아파트 가격이 폭등합니다. 서울의 매물 부족으로 김포로 대규모 수요가 유입된 것입니다. 신규 아파트로 이사하려던 김포시민 중에는 이사를 포기하고 이전 집에 거주하는 것으로 계획을 변경하고 신규 아파트는 전세를 줍니다. 입주할 아파트의 전세가가 이미 분양가 수준이 되었기 때문에 대출을 받을 필요는 없습니다. 이 경우에는 투자수요인가요, 실수요인가요?

반대 사례도 있습니다. 서울에서 전세로 살던 세대가 서울에서 전세를 구할 수 없게 되자 서울까지 출퇴근이 가능한 지역을 검색합니다. 직장은 강서구 마곡지구입니다. 검색해볼 지자체는 고양시, 부천시, 김포시, 광명시, 인천 서구, 계양구, 부평구가 있습니다. 김포시만 빼고 모두 규제 지역입니다. 규제 지역으로 지정되면 일단 대출이 줄어듭니다. 그래서 대출이 최대한 많이 나오는 비규제 지역인 김포시를 선택합니다. 게다가 김포시에는 물량이 사상 최대여서 새 아파트가 다른 지역에 비해 낮은 가격에 나와 있습니다. 이렇게 서울 전세에서 김포시 자가로 터닝하게 됩니다. 국토교통부에서 추적하는 통계에는 외지인 매수로 잡힙니다. 단기간에 김포시에서 주택을 구입했다고 하는 외지인 42.8% 안에 이런 세대가 꽤 많을 것 같습니다. 그럼 이 경우에는 실수요인가요, 투자수요인가요?

지방의 사례를 볼까요. 지방은 부산광역시, 대구광역시, 울산광역시의 일부 구를 중심으로 상승 추세를 보이고 있으며, 도 지역에서는 최근 창원과 천안 지역의 상승폭이 확대되고 있다고 국토교통부가 발표했습니다.

부산광역시는 2019년 11월 조정 대상 지역 해제 이후 안정세를 유지했으나, 2020년 7월부터 상승폭이 확대 중이며 최근 외지인 매수세가 증가해 과열이 지속될 것으로 우려된다고 지적했습니다. 특히 해운대구는 거래량이 전년 동월 대비 3배 이상이며, 최근 외지인·법인 등 특이 주체가 매수하는 비중이 증가하는 가운데 인접한 수영·동래·연제·남구도 과열이 심화 중이고, 또한 도시 첨단산업단지 계획이나 재개발·재건축 정비사업 등 개발 호재로 인한 향후 시장 불안 요인이 존재해서 조정 대상 지역으로 지정했다고 합니다.

대구광역시는 수성구를 중심으로 학군에 따른 쏠림 현상과 투자수요가 증가하여 2020년 8월부터 상승폭이 확대되었다고 분석했습니다. 수성구는 2017년 9월부터 투기과열지구로 지정되었으나 비조정 대상 지역으로 다주택자 양도세 중과 등 세제 규제가 적용되지 않던 중 최근 다주택자와 외지인의 매수 비중이 증가해 가격 급등을 보이며 과열이 심화되어 조정 대상 지역으로 지정했다고 합니다.

울산광역시, 천안시, 창원시 등 일부 지역은 재개발·재건축 단지를 중심으로 최근 상승폭이 확대되고 있다고 지적했습니다. 다만 지난해까지 이어진 해당 지역의 가격 하락세를 감안해 이번에는 조정 대상 지역으로 지정하지 않지만, 면밀히 모니터링해 과열 우려가 심화되는 경우에는 즉시 조정 대상 지역으로 지정할 것을 검토하겠다고 예고하기도 했습니다. 반면 규제 지역 중 일부 지역에 대해서 상세 조사를 진행 중이라고 하면서 안정세가 확연히 나타나는 지역에 대해서는 필요할 시 일부 해제를 검토할 계획이라고 발표했습니다. 시세가 거의 오르지 않거나 조정되고 있는 경기도 양주시와 충청북도 청주시 등으로 예상됩니다.

2020년은 부동산 시장에서는 여러 측면에서 다이내믹한 한 해였습니다. 이 칼럼에서 서울의 특정 지역을 제가 언급했던가요? 하지 않았습니다. 서울의 매매 시장은 비교적 안정되어 있습니다. 서울과 전국의 수요가 밀집하는 지역의 전세 시장만 문제가 생긴 것입니다. 전세가 부족해지면서 주변 지역의 매매 시장을 자극한 것이죠.

조정 대상 지역, 투기과열지구를 지정하는 목적이 무엇일까요? 주택 시장을 안정시키겠다는 것이 본질적 목적입니다. 그 목적대로 전국 부동산 시장이 움직이는지 확인해볼 필요가 있습니다.

규제가 심해도 오르는 지역이 있습니다. 규제가 없는데도 내리는 지역도 있습니다. 모든 것은 실수요 때문입니다. 실수요층의 희망사항이 반영되지 않은 정책은 의도치 않을 결과를 만들 뿐입니다.

정부도, 기업도, 주변의 지인들도 내 집을 마련해주지는 않습니다. 내 집, 내 보금자리는 내가 만들어야 합니다. 이왕이면 부의 미래가 있는 지역에 내 집을 마련해야 합니다.

# 어려운 문제일수록
# 항상 내 주변에 답이 숨어 있습니다

2021년 새해가 밝았습니다.

여러분들은 2020년에 하고 싶은 일들은 다 이루셨는지요?

저는 다 이루었습니다. 제 2020년 목표는 딱 하나였거든요.

행복하자!

아프지 말고 그냥 행복하자!

2020년 내내 주변 분들에게도 똑같이 말씀드렸습니다. 행복하시라고.

생일날에는 특히 오늘은 무조건 더 행복하시라는 메시지까지 꼬박꼬박 드렸습니다.

제게 생일 메시지를 받으신 분들은 기억하시지요?

돈을 얼마나 저축하고, 아파트를 몇 채 더 사고, 주식 수익률을 몇 %까지 달성하고, 등수를 몇 위까지 올리고 등등…. 이렇게 숫자로 볼 수 있는 목표보다 저는 그냥 올 한해는 더 행복하자는 목표로 하루하루를 살았습니다.

며칠 전 강남 한 카페에서 지인을 기다리며 읽었던 〈내셔널지오그래픽〉이라는 잡지에서 구석기인 특집을 본 적이 있습니다. 구석기시대에는 수렵과 채집을 통해 생계를 유지했다고 합니다. 너무 많은 식량을 비축하지도 않았다고 합니다. 그럼에도 불구하고 굶어 죽는 사람도 없었다고 하네요. 대부분 하고 싶은 대로 하며 그럭저럭 잘 살았다는 겁니다. 배가 고프면 식사를 하고, 운동을 하고 싶으면 운동을 하고, 그림을 그리고 싶으면 그림을 그렸다는 겁니다. 우리가 희망하는 삶이 어쩌면 구석기인 같은 삶이 아닌가 합니다.

그럼 여기서 질문 하나 드리겠습니다.
"지금 행복하십니까?"라고 질문 받았을 때 "그렇다!"라고 자신 있게 답변할 수 있나요?

이 질문에 대한 답변을 주저하는 분들에게 솔직한 제 의견을 말씀드리자면, 이런 질문을 받았을 때 "네, 행복합니다!"라고 무조건 말할 수 있어야 합니다. 그렇지 못한 분이 계시다면 내가 제대로 살고 있는 건지 점검해볼 필요가 있다고 말씀드리고 싶습니다.

도대체 언제부터 행복하실 건가요?

20대면 무조건 참아야 하고,
30대면 무조건 돈을 벌어야 하고,
40대면 확실하게 돈을 벌어야 하고,
50대까지 무조건 가족 먼저 챙겨야 하고,
60대까지 알차게 일해서
70대부터 행복하게 사시려고요?

이 글과 더불어 지난 1년을 돌이켜보는 하루가 되셨으면 좋겠습니다.
2021년부터는 무조건 내가 행복한 일부터 하십시오. 나머지는 그다음에 하세요.

기억하십시오. 여러분이 행복해야 여러분 주변도 행복합니다. 나를 희생해서, 현재를 희생해서 언젠가는 뭔가 될 거라는 기대를 버리셔야 합니다. 내가 그리고 지금이 아니라면 정말 아무것도 아닙니다. 지금 이 시간은 내일 1조 원이 생겨도 다시 살 수 없는 시간입니다.

부디 당장 행복하세요!

그리고 한 가지 덧붙여 말씀드리려고 합니다.
이 책을 읽는 분들 중에서 여기 등장하는 서울 8개 구(강서, 중랑, 서초, 강동, 영등포, 성북, 노원, 마포)와 경기 6개 도시(의정부, 구리, 안양, 광주, 화성, 평택) 이외의 지역은 왜 다루지 않는지 궁금한 분들이 계실 줄 압니다. 강연장에서 뵙는 분들 중에서 내가 살고 있는 지역은 왜 빠졌는지를 물어보시는 분들이 정말 많습니다.

저의 저서 《수도권 알짜 부동산 답사기》를 보시면 궁금증이 해소되실 겁니다. 그 책에서는 서울과 경기의 대표적인 지역들을 다루었습니다. 서울은 강남구를 비롯해 종로, 용산, 은평, 도봉, 송파, 금천까지 살폈고, 경기 지역은 분당, 일산, 과천, 남양주, 김포, 용인, 광명을, 인천은 부평, 서구, 연수구, 남동구까지 다뤘습니다.

《대한민국 부동산 미래지도》를 집필할 때에도 서울과 수도권의 핵심 지역들을 다룬 이후에 '정말 우리가 익히 알고 있는, 오르는 지역만 계속 오를까? 아직 드러나지 않았지만 사람들이 몰리고 돈이 돌고 새롭게 도약할 입지요건을 갖춘 도시가 없을까'란 생각에서 집필에 착수했습니다.

그리고 살펴볼수록 '명당은 역시 명당이구나, 다시 사람과 돈이 몰리겠구나' 싶은 지역이 눈에 들어왔습니다. 이번에 서울편에 추가한 강서구와 중랑구가 그러하고, 경기편에 추가한 화성시와 평택시가 그러합니다.

우리는 흔히 우리가 살고 있거나 자주 가봤거나 익히 알고 있는 지역을 제대로 알고 있다고 착각합니다. 이 지역이 왜 이런 이름을 갖게 되었는지, 왜 분구되었는지, 왜 사람이 몰렸는지, 왜 지금은 몰리지 않게 되었는지, 이 지역을 지자체나 중앙정부에서는 어떻게 바라보고 있는지를 모른다면 내가 살고 있거나 가봤다고 해서 제대로 알고 있다고 말할 수 없습니다.

숲속의 한가운데 서서 바로 앞의 나무를 보며 숲이 어떻게 생겼는지 알고 있다고 말하거나, 산의 정상에 서서 산속 나무의 면면을 다 알고 있다고 말한다면 누구의 공감도 얻기 힘들 겁니다.

땅의 내력을 제대로 알고 있는 사람만이 지금 부동산의 가치와 미래의 가치를 제대로 말할 수 있습니다. 우리가 땅 위에 사는 시간은 아주 잠깐입니다. 우리의 시간으로 땅의 시간을 말하면 안 됩니다. 땅은 언제나 그렇듯이 우리와 상관없이 흘러온 대로 흘러갑니다.

우리가 할 일은 가격이 비싼 부동산을 찾거나, 누군가에게 찍어달라고 하는 것이 아니라 내가 보기에 누구나 살고 싶어 할 수밖에 없는 부동산을 생각해보고 발견하고 그곳을 나의 부의 지도 위에 표기해두는 일입니다. 그 누군가의 시선으로 바라본 부동산이 아니라 내가 잘 살아가기 위해 꼭 필요한 환경을 갖춘, 갖출 수 있는 곳을 알아볼 수 있는 안목을 키우는 일입니다.

이 책 《대한민국 부동산 미래지도》에서 그런 곳과 그럴 수 있는 곳을 발견하는 방법을 말씀드렸습니다. 책장을 다 넘기고 나서 바라본 나의 도시에서 그런 장소가 보인다면 이 책을 제대로 읽으셨다고 말씀드리고 싶습니다. 나만의 '부의 미래지도'를 그리세요. 그리고 그 지도를 따라 흔들림 없이 나아가시길 당부합니다. 그래서 꼭 행복해지시길 간절히 염원하겠습니다.

2021년 음력설
봄 소리에 깨어나는 땅을 바라보며

스마트튜브 경제아카데미 대표
김학렬

## ◆ 이 책에 도움 주신 분들

### 일러스트 지도

**정유진(유유, https://yuyus.net)**
일러스트레이터다. 하고 싶은 일과 해야 하는 일 모두에서 잘하려고 노력하며 살고 그리고 있다. 시각디자인을 전공했다. 그림 그리는 방법을 알려주는 책을 다수 출간했고, 여러 권의 동화에 그림을 그렸다. 〈유유네 일러스트〉 블로그를 운영하면서 독자와의 소통을 즐기며 그림을 그리고 있다.

### 사진

**① 임찬경(CK, imck81@naver.com)**
전 세계의 도시 사진과 야경을 전문적으로 담는 작가이다. 대한민국 관광사진 공모전 금상 외 100여 차례의 공모전 수상경력이 있으며, 평창 동계올림픽 주요 경기장 야경 촬영을 담당했고, 기업 협업으로 국내 주요 불꽃축제 촬영을 전담하고 있다.

**① 방방콕콕(www.bbkk.kr)**
〈방방콕콕〉은 예스콜(YESCALL.COM)이 운영하는 사이트(또는 애플리케이션)로 국내 주요 여행지와 관광지에서 즐길 수 있는 체험과 놀이 활동, 맛집, 숙소, 축제, 테마여행 등을 한눈에 살펴볼 수 있는 최적화된 채널이다. 미처 알지 못해서 또는 숨은 가치를 몰라서 가보지 못했던 비경과 명소를 이곳에서 만나볼 수 있다.

### 별책부록 〈미래 수도권 전철 노선도〉

**호리(syong23kr@naver.com)**
전철의 현재와 미래의 노선에 관심이 많다. 한눈에 살펴볼 수 있는 단순하고 명징한 노선도를 그리고 살피는 것을 즐기며, 누구나 편리하고 자유롭게 사용할 수 있는 노선도를 제작하는 것에 보람을 느끼며 일하고 있다.